# パンデミック、災害、そして人生における あいまいな喪失

The Myth of Closure

Ambiguous Loss in a Time of Pandemic and Change

終結という神話

ポーリン・ボス [著]

瀬藤乃理子
小笠原知子 [訳]
石井千賀子

誠信書房

最愛なる私の夫，Dudley Riggs（1932-2020），
多くの人に愛され，私も深く愛したわが夫に捧ぐ

そして，このパンデミックの最中に
喪失を経験した何百万人もの人々が
この本の中に慰めを見出されることを願いつつ


　まるで，受け入れられない教訓が何度も突きつけられるかのように，喪失を経験するたびに，私は，「乗り越える」というのは不可能なのだと学んだのです。今私は，不完全な解決が生む緊張感とともに歩みながら，日々の生活での喜びと情熱とで，バランスをとっています。私は意図的に，不在と存在という対立する考えを持つようにしています。それは，ほとんど人間関係は，実際にその両方だと学んだからです[1]。

## 日本の皆様へ

　まず，私の最新刊 *The Myth of Closure : Ambiguous Loss in a Time of Pandemic and Change* が，『パンデミック，災害，そして人生におけるあいまいな喪失——終結という神話』という題名で，日本語に翻訳されたことへの感謝と喜びをお伝えしたいと思います。心理学，医学，社会学，ソーシャルワーク，家族療法の分野の方，あるいは他にもこの本を読みたいと思われた方に，「愛する人を失ったあと，終結（悲しみを終わらせること）は達成すべきものでも必要なものでもない」という私の考えを分かち合えることを光栄に思います。私たちが探し求めるべきものは，終結ではなく，意味や新たな希望を見出すことなのです。

　私が初めて来日したのは 1988 年で，このときは旅行で訪れたのですが，その後，2002 年に国立精神・神経医療研究センター（後に北海道医療大学）におられた鈴木浩二博士から，連絡をいただきました。あいまいな喪失に関するワークショップを開催することになり，彼は私を東京に招いてくださいました。私はそのワークショップに参加したセラピストたちに非常に感銘を受け，また日本の美しさと人々に畏敬の念を抱きました。夫も私も演劇が大好きなので，東京で素晴らしい歌舞伎の公演を何度か見る機会もありました。

　三度目の来日となった 2012 年，日本と人々との絆はさらに深まりました。2011 年 3 月 11 日の東日本大震災をきっかけに，「日本災害グリーフサポートプロジェクト（JDGS プロジェクト）」とのコラボレーションが始まりました。2012 年，アメリカのミネソタ大学で，そのプロジェクトのメンバーである瀬藤乃理子，石井千賀子，中島聡美，黒川雅代子と，そのときミネソタ大学の大学院に在籍していた小笠原知子の 5 名が，あいま

いな喪失について，特に行方不明者の家族や，故郷やコミュニティを失った人たちへの支援について，数日間の私の研修を受けたのです。その年の暮れ，私は彼女たちに日本に招かれ，仙台と福島を訪れ，あいまいな喪失の介入について大勢の人々の前で講演を行いました。その講演の目的は，地震，津波，原発事故による喪失と悲しみからくる継続的なストレスを和らげることでした。

　私たちの協力と友情は今日も続いていますが，今やミネソタで研修を受けた5人の女性は，あいまいな喪失のエキスパートになりました。私は彼女たちが行っているさまざまな取り組みや研究に拍手を送るとともに，そのうちの3人が，今回，私の新刊書を日本語に翻訳してくれたことにとても感謝しています。

　私はパンデミックが起こる前の2018年にこの本を書き始めましたが，夫が病気になり，介護しなければならなくなり，しばらく脇に置いていた時期もありました。そして2020年に夫が亡くなり，私は少しずつ執筆を再開し，本書を書き上げました。その当時，まだ夫を失った悲しみの中にいたときで，より個人的な内容が多くなったため，本書の読者は，私がこれまで書いてきた本と少し文章の書きぶりが違うと感じられるかもしれません。

　私は現在89歳で，きっとこの本を読んでくださる皆さんより年上ですが，私の言葉が，仕事においてもプライベートにおいても，皆さんのお役に立つことを願っています。私たちが他者を支援するとき，自分自身の喪失に対しても，何らかの意味と新たな希望を見出すことが不可欠です。この本を通して，あなたの喪失があいまいなものであろうと，明確なものであろうと，悲しみと抑うつは異なること，そして人の悲しみというものは，経験した喪失のタイプによって影響を受けるということを知ってほしいのです。

　日本のメンタルヘルスに関わる専門家のグループや学会と，長期にわたり，つながりを持ち続けてきましたが，あいまいな喪失や，この本で述べ

ている「終結は神話である」という私の考えについて，皆さんが関心を持ち続けてくださっていることに，私は深く感謝しています。 親愛なる読者の皆さん，本書があなたの良きガイドとなると同時に，心に慰めを見出すことができるよう，心から祈っています。

ミネソタ大学ミネアポリス校　名誉教授

**ポーリン・ボス**

# 序文──やわらかい人生論の語りかけ

　「あいまいな喪失」理論の提唱者，ポーリン・ボス博士の新著である本書を読み進むうちに，本書の特色としてまず気づいたのは，本書執筆の少し前に亡くなった夫との死別体験を，理論展開の論拠となるいわば症例と言うべき人々のエピソードと同じような位置づけで，冷静なタッチで記していることだった。冷静にとは，文章・文脈から私が感じた印象に過ぎないかもしれないが。亡き夫の死後の存在感を記した文は，こうだ。

　「……『ニューヨークタイムズ』紙が届いたり，夫が好きだった音楽を聴いたりすると，毎日彼がいないことを思い知らされます。彼を介護するヘルパーさんが帰って，二人だけになったときに話し合っていたときのように，今も朝刊の記事にペンで丸く印をつけたくなります。それは，かけがえのない時間でした。
　このようにいろいろな場面で一緒に過ごした人生を思い出しますが，悲しくても，打ちひしがれているわけではありません。夫の死に関連したあいまいさによるトラウマはありません」

（本書65頁より）

　この文の直前に，ボス博士は，自分の内面の状態を，次のように書いている。

　「私たちは（ボス夫妻の意味ではなく，一般に人々は，の意）一番苦しいときにこそ最も成長し，レジリエンスを高めることがしばしばあります。古代中国のことわざにもあるように，『危機は絶好の機会

になりうる』のです。（中略）私はあいまいな喪失とともに生きています。夫は亡くなったけれども，彼はまだここにいる。私はそのパラドックスを大切にしています」 　　　　　　　　　　　　　　　（本書65頁より）

　ボス博士は，自ら開発した「あいまいな喪失」理論の核心であり，本書第6章のタイトルにもしている「A and B 思考（AもBもあり得るという考え方）」を，自ら直面している夫の喪失という厳しい事態との向き合い方に完璧なまでに活かしている。上記の引用文中の「夫は亡くなったけれども，彼はまだここにいる。私はそのパラドックスを大切にしています」という述懐は，まさにそのことを表明した言葉だ。

　このようにボス博士は，専門家としてさまざまな人々の事例を紹介して，自らの理論を展開するだけでなく，夫との死別や身内の人々との死別と受容の歩みをも率直に挿入していくので，私は読み終える頃には，本書を「生と死」をめぐる人生の書として広く読まれるべきではないかと思うようになっていた。

■　■　■

　ボス博士の理論の骨格を明示すると同時に，「生と死」をめぐる人生論にもなっている文を，いくつか紹介しよう。

　(1) 愛する人を喪った後の悲しみや辛さに何らかのかたちで決着あるいは区切りをつけて新しい人税を拓こうとするのを，ボス博士は「終結（closure）」というキーワードで捉え，「終結」などあり得ないし，「終結」を求めると，それが不可能であるがゆえに，エネルギーが奪われ，情緒的な成長をレジリエンス（再生）につながるような他の対処法を探せなくしてしまうとという結果を招くと説く。これに対し，「終結」は求めないで，愛する人が「いなくなった」ことも，心の中で「今も生きている」と思う

ことも（つまり二律背反する二つのことを），共に受け入れるというあい
まいな受け止め方（死生観）をするほうが，心の安定と新しい人生へと歩
き出すほうにつながると，ボス博士は強調する。

　その具体的な事例として，小型飛行機事故で同乗していた父親と弟を亡
くし，母親は重傷，自分は生き残った若い女性サラ（当時 19 歳）の 10 年
後の手紙を，ボス博士は紹介している。その手紙の中で，サラはこう語っ
ている。

　　「私たちの間に今でもエネルギーが通い合っていることへの感謝に変
　　わってきています。それは，物理的なレベルではなく，今では非常に
　　情緒的，スピリチュアルな経験として続いています。このような関係
　　は，特に父との関係において，実際に進化を続けてきました。父と私
　　の間には許しが生まれ，弟があれほど若くして亡くなったことを受け
　　入れることができるようになりました。許すこと，そして受け入れる
　　こと。この二つの行為は，以前は想像できなかったほど私の心を大き
　　く広くしてくれました。今では苦しんでいる人たちの気持に共感
　　し，純粋に彼らに寄り添うことができます」
　　　　　　　　　　　　　　　　　　　　　　　　　　　（本書 28-29 頁）

　第 2 章「終結という神話」の冒頭のリードとして，死を間近にした尊敬
する先生を毎週火曜日に見舞って，濃密な会話をしたアメリカのミッチ・
アルボム氏の手記『モーリー先生との火曜日』の中の次の一文は，ボス博
士の「生と死」の思想を見事に表している。

　　「死は人生を終わらせるものであって，人との関係を終わらせるもの
　　ではないのです」
　　　　　　　　　　　　　　　　　　　　　　　　　　　（本書 27 頁）

　(2) 自分が経験した喪失（最近のものも過去のものも）を，思い出せる

限り洗い出して，リストアップすることを勧める。幼い頃から本当に苦痛
だった喪失，精神的に大きな衝撃を受けた喪失，周囲の年長者から聞いた
世代を超えて語られてきた喪失などをリストに入れようというのだ。ボス
博士はこう語る。

> 「これらの喪失を書き留め，よく考えてください。それらは，あなた
> の遺産の一部です。（中略）これらすべてが，あなたが意味を探す始
> まりとなります。祖先が経験してきたこれらの喪失に対する自分の感
> 情を認識することが，現在の喪失に対処するために役立つでしょう。
> （中略）
> 　失ったものと向き合わなければ，解決されていない悲しみのトラウ
> マは，世代を超えて受け継がれていってしまいます」（本書 61-62 頁）

「喪失に対処するために役立つ」と言っても，それは「終結」のことで
はない。「きちんとはっきりした結末があるのではなく，喪失の現実は複
雑な陰影を帯びているのだと知ることが役に立ちます」と，ボス博士は補
足する。

　(3) 病者（たとえば妻）を介護する人（たとえば夫）における「A and
B 思考」の重要性を強調する。ある夫は妻の苦しみを思うと，友人と飲む
こともゴルフに行くことも，自分勝手なことで，妻を見捨てるに等しいと
考えて，ただ家で介護するだけになって憔悴していた。ゴルフは悪なの
か。ボス博士は夫に対し，木曜日を（介護の）休みにして，友人とゴルフ
をするように勧めた。そして，こう言ったのだ。

> 「あなたは介護のできる良い夫になることも，自分自身のケアをする
> ことも同時にできます。逆説的ですが，休みを取ることは，病気の奥
> さんへの贈り物です。それは，妻にとっても，より幸せで健康な介護

者，より幸せで健康な夫がいることにつながるのです」（本書74頁）

　夫にしろ妻にしろ，介護する立場になると，自分が休んだり楽しんだり
することに対して，罪悪感を抱く人が少なくない。しかし，罪悪感により
自己犠牲の気持ちを抱くことは，介護者の疲労度を増し，心身の健康を危
うくするおそれがあり，共倒れの結果を招きかねない。ボス博士は，その
ことをしっかりと見据えたうえで，夫に「木曜日のゴルフ」を勧めたの
だ。さすがだと，私は感銘を受けた。まさに〝人生のカウンセリング〟だ
と言えよう。

　(4) ほとんどの人が困難に対処するレジリエンスの能力を持っているの
だということを自覚して，日常の仕事や家事に取り組むことを勧める。ボ
ス博士は，やさしくこう説くのだ。

　　「たとえば，子どもたちに食べさせたり，仕事をやりくりしたり，請
　　求書の支払いをしたり，食卓に食べ物を並べたり，整理整頓したりと
　　いった日常生活のこまごましたことを行うことで，レジリエンスを高
　　めることができます」　　　　　　　　　　　　　　　（本書51頁）

　私は，戦後間もなく父が結核で亡くなった後の母の生き方を思い出す。
母は40歳だった。兵隊帰りの長男は22歳だったが，それ以外の子どもた
ち4人はみな10代だった。末っ子の私は小学校4年，10歳だった。母は
生活を維持するために手内職をし，50坪ほどの畑で野菜を栽培した。夫
を喪った悲しみを表に出さず，うつにもならず，淡々と家事をこなした。
食事のとき，子どもたちにお代わりのご飯を盛りながら，よく「生きる者
は食べなくっちゃ」と言ったものだ。今の言葉で言えば，母はそうした日
常の中で母親としての務めを果たすことで，レジリエンスの能力を発揮し
たのだと言えるだろう。しかも，母のそうした黙々としたレジリエンス発

揮の姿は，少年だった私の心に染み込み，後に私が50代になって次男を
自死で喪ったときに，私の心を瓦解させずに再生への道を歩ませる力につ
ながったのだ。

　ボス博士の「あいまいな喪失」理論をベースにした"人生論"が，80
年近くも前の私の母の生き方を思い起こさせ，共感をもたらすということ
は，ボス博士の理論が時代を超えた普遍性を持つものであることを示す証
跡だと言えるだろう。

■　■　■

　ところで，私は1970年代以降，半世紀余りにわたって，現代における
日本人の，進行がんなどによって死が避けられない状態になっていること
を自覚してからの生き方や，大切な家族を喪った後に残された人のグリー
フワークと生き方について，当事者や関係者にインタビューをしたり，闘
病記や追悼記を読んだりしてきた。そうした取材と研究から見えてきたこ
とは多いが，そのなかの一つは，死別体験者の多くが「あの人（子）は消
えてしまったのではない。今も私の心の中で生きています」と実感を込め
て語ることだ。

　私自身，亡き父，母，長兄，次兄，長姉，そして次男の姿や表情や言葉
が心の中で息づいているし，自分の人格の一部にさえなっているのを，し
ばしば感じる。しかも，単に記憶に残っているというのではなく，亡き身
近な人たちがいつも心の中で生きていて，私の人生を膨らませてくれたの
だと思うことが多いのだ。

　このような"気づき"から，私は人間のライフサイクルについて，新し
いグラフを描くようになった。従来のライフサイクル論によれば，人は生
まれてから幼少期，青年期を経て成人へと成長曲線を辿り，中年期に社会
的にクライマックスを迎える。そして，初老期に入ると，成長曲線は下り
坂になり，病気や老化によって曲線の勾配は下降を早めて，着地＝死を

もって終わる。これが経済の高度成長期に広く共有された人間のライフサイクル論の図式だった。

　しかし，私は「生と死」の研究を深めるうちに，このようなライフサイクル論には，致命的に欠けている要素があると気づいた。人間の「いのち」には，身体的・生物学的な要素や経済的活動の要素だけではなく，精神性の要素が大きいはずなのに，上記のようなライフサイクル論の図式には，精神性のいのちの要素が重視されていない。人生の内実を見つめると，人間は成人期から初老期，高齢期へと進むにつれて，精神性の要素が重みを増してくる。特に病気を抱えたり，障害を背負ったり，体力が衰えたりするにつれて，心の持ち方や内面の成熟が人生の豊かさを自認できるかどうかの最も重要な要素になる。

　このような精神性のいのちの成長を図式化すると，人間のいのちの曲線は，生まれてから幼少期，青年期にかけてはゆるやかに上昇し，青年期から成人期にかけてはよりしっかりと上昇，初老期から老年期になると，下り坂ではなく逆に"成熟"の要素を加えて，ゆるやかに上昇を続ける。そこに病気や大切な人・愛する人の喪失という事態が加わると，PTG（Post Traumatic Growth：心的外傷後成長）と言われる心の変化も加わって，人生や生きることの深い意味を見出して，心豊かな人生の最終章を過ごすようになる。

　しかも精神性のいのちの上昇曲線は死で終わることはない。死後は，愛する家族など，人生を共有してきた人たちの心の中で生き続け，生前の生き方や残した言葉によって，残された人たちの生き方を膨らませるというかたちで，自らも成長し続けるのだ。

　このように，人生を共有した人たちの心の中で生き続ける精神性のいのちを，私は「死後生」と名付けており新たな本を執筆中だ。

　ここで「死後生」という新しいキーワードを持ち出したのは，ボス博士が本書の中で理論展開や生き方論を実感を込めて語るために紹介している数々の症例の死別体験者たちが，口をそろえて亡き人は心の中で生きてい

ると話しており，それはまさに私の提起している死後生の実例になっていると受け止めたからだ。私の新作の執筆中に，ボス博士のこの新著に出会えたことは，とても幸運だった。ボス博士からの学びを，私の死後生論に重ね合わせてしっかりと紹介できるし，私の本をより深い内容にすることができそうだと，感謝している。

**柳田邦男**

# 訳者まえがき

　本書は，新型コロナウイルス感染症のパンデミック（世界的感染症大流行）によって人々が経験した「あいまいな喪失」について，ミネソタ大学名誉教授のポーリン・ボス博士が独自の視点で書き下ろした本 *The Myth of Closure : Ambiguous Loss in a Time of Pandemic and Change* の翻訳書です。

　読者の皆様もよくご存じのように，中国で最初に報告された新型コロナウイルス感染症は，2020 年 1 月に世界保健機関（WHO）によってパンデミックによる非常事態が宣言され，瞬く間に世界中で猛威を振るうようになりました。ジョンズ・ホプキンス大学によると，2023 年 3 月までに，把握できているだけでも世界中で 688 万を超える死者数が報告され，日本においても「5 類感染症」に移行するまでの約 3 年 3 カ月の間に，累計 3,300 万人以上の人たちが感染し，死者数も 7 万 4,600 人を超える大惨事となりました。

　本書を翻訳することになったきっかけは，パンデミックに突入して間もなく，本書の共訳者である石井千賀子先生から，「ボス先生が新しい本を書いているらしい」と連絡を受けたことに始まります。その後ほどなくして，ボス博士から直接，パンデミック以降，あいまいな喪失の本が世界中で注目を浴び，問い合わせが急増，メディアからの取材も多数来ているとの知らせがありました。また，そこには，このパンデミックにおいて，あいまいな喪失の考え方がきっと多くの人に役立つであろうという確信も書かれていました。

　私たちは，その内容を「Pauline Boss 博士からの緊急メッセージ」のかたちでまとめ，2020 年 4 月「あいまいな喪失情報ウェブサイト（https://al.jdgs.jp/）」に掲載しました。以下の文章はその抜粋です。

## 「あいまいな喪失理論」を感染症流行に役立てるために

　今，世界中の人々が，新型コロナウイルス感染症のパンデミックの中で，先の見えない不安の中にいます。この流行による不確かさは，ビジネス，コミュニティ，家族，個人など，さまざまなレベルで起こっています。例えば，外にでる自由の喪失，生活のコントロール感の喪失，いつも通りの人間関係の喪失，金銭的・経済的な喪失，安全性の喪失，家族や友人との物理的な接触の喪失，コンサートに行ったり，カフェでくつろいだりといった機会の喪失，など広範囲です。これらはすべて「あいまいな喪失」と呼ぶことができます。

　今，広い意味で，私が提唱する「あいまいな喪失理論」が役立つと思います。私たちを悩ませているのは，単にウイルスではなく，このような取り巻く状況のあいまいさであるという認識をもつこと，この状況を「あいまいな喪失」と名づけることで，私たちは 自分のストレスを理解し，それに対処しやすくなります。

　私たちはこのような不確実な状況の中で，そのストレスを和らげる必要があります。そのためには，まず，何が自分のストレスの原因なのかを，知ることが大切です。何が問題であるのかを知ることで，人はそれに対処し始めます。（中略）この現実に対処するためには，それぞれの人たちに創造性と想像力が必要です。たとえ喪失感が残ったとしても，私たちにはまだできることが，多くあるのです。


　そうです，このパンデミックの中で，世界中の人々が，どれだけ多くのものをあいまいに喪失したことでしょう。この状況を「あいまいな喪失」と名付けることで，私たちはこれまでと違ったレンズを通して，パンデミックの状況を捉え直すことができるのです。私たちは，ボス博士が執筆中の本は，おそらくこの内容をより具体的に述べたものであろうと察しがつき，アメリカで出版されたら，是非，日本の人々にも届けたいと思っていました。

　本書を実際に訳してみると，私たちが当初予想していたよりも，はるか
に奥深く，考えさせられる内容でした。この本では，このパンデミックの
間に世界中で起こっていたことが，グローバルかつシステミックな視点で
解説されています。そして，喪失と悲嘆（loss and grief）に関する根幹
となる考え方から，パンデミックで顕在化したアメリカの人種差別問題に
至るまでが，非常に分かりやすく解説されています。また，何より心を惹
かれる内容は，ボス博士の個人的な喪失体験，たとえば弟や姉，そして最
愛の夫 Dudley の死について詳述されていることです。どんなに多くの喪
失を経験しても，人は希望と意味を見出し，生きていくことができること
を，ボス博士自身の人生が物語ってくれています。

　もう一つ特筆すべき点は，本書では，これまで提唱されてきた「あいま
いな喪失理論」の考え方を，ボス博士が大きく拡大し，新たな視点を加え
ている点です。

　たとえば，「愛する人が行方不明となり，生きているのか死んでいるの
か証拠もなく，埋葬するものも残っていない場合」を指す【あいまいな喪
失のタイプ1】や，「愛する人が認知症となり，その人は存在していても，
以前のその人とはまったく違う人のように感じる場合」を指す【あいま
いな喪失のタイプ2】が，これまであいまいな喪失の代表的なタイプの例と
されてきました。一方，パンデミックにおいては，さまざまな喪失が混在
し，喪失のタイプを限定することは困難です。しかし，パンデミックの複
合的な喪失に「あいまいな喪失」と名付け，抱えるストレスの原因はその
人のせいではないと外在化することの大切さや，私たちの最終目標は，
「AかB」のどちらかに白黒つけて，悲しみを終結させること（closure）
ではないとする考え方は，これまで以上に本書の中で強調されています。
原著の英文題目「The myth of closure（終結という神話）」という言葉に
象徴されるように，私たちに求められているのは，パンデミックの中で起
こったことを終結することではなく，悲しみを持ちながらも，そのなかか
ら新しい希望や意味を見出すことなのです。

　また，家族療法家であるボス博士は，これまでも，個人の喪失を扱うときにも，家族やコミュニティとの「関係性」に焦点を当てるという，システミックな視点を重視してきました。本書においては，特にアメリカの人種差別問題に多くのページを割き，過去から継続する社会システムの問題が，いかに弱い立場の人々の喪失やトラウマに深く関わっているかについて，博士自身の深い気づきが述べられています。あいまいな喪失のシステミックな視点は，家族・コミュニティから，今や国・世界へと拡大し，人類の歴史，社会問題，地球環境問題さえも，この理論が応用できる可能性を示唆しています。そして，これまであいまいな喪失の介入の指針としていた「六つのガイドライン」を改訂し，私たち一人ひとりに考え方の道標を具体的に示してくださいました。ただし，本書は心理療法の本ではありません。むしろ，多くの人々が一つの家族として生きていくために，今回のパンデミックの「喪失と回復」の両方の物語を，次の世代に語り継いでほしいというボス博士の願いが込められています。この新たな視点は，パンデミックのみならず，国内外で起こっている災害や，私たちが人生の中で経験するさまざまな喪失や苦難にも通じるものであり，きっと多くの読者の心に響くと思います。

　話は少し変わりますが，2011年の福島第一原子力発電所事故のあと，福島の人々を襲った「あいまいな喪失」は，震災12年以上経過した今でも，福島に大きな影を落としています。私は，現在，福島に来て5年目になりますが，着任して2年目の頃，まったく先が見えない福島の状況に対し，途方に暮れていた時期があります。「先祖代々の土地や家がまだそこにあるにもかかわらず，住むことも耕すこともできなくなった悲しみ」……ボス博士は常々，原発事故後の福島のあいまいな喪失をそのように表現されていましたが，私は実際のところ，福島に来るまでその深刻さ，苦しさを理解できていませんでした。

　当時，1通のメールをボス博士に出したことがあります。「ボス先生，

私は福島に来たものの，その状況があまりに大変で，とても苦しい気持ちが続いています」。ボス博士からはすぐに返事があり，そこにはこう書かれていました。「Noriko, I know.（ノリコ，私には分かっていますよ）」……それはたった一言の返事でしたが，たとえ解決方法や手段が見つからなくても，自分の苦しさを本当に理解してくれている人がいる……それがどれほど大きな支えになるのかを，身をもって教えていただいた経験となりました。

　本書の読者のなかには，パンデミックや災害などさまざまな出来事で，愛する人と悲しい別れを余儀なくされたり，多くの喪失を経験し，今もその悲しみに向き合えないと感じている方もおられるかもしれません。気持ちに向き合うには，時間も必要ですし，タイミングもあるでしょう。これからも悲しみや喪失感が長く続くかもしれませんが，本書が，新しい希望と意味を見出すために，あなたが一歩を踏み出す手助けになることを心から願っています。パンデミック中も多くの喪失を経験されたボス博士が，誰よりもそれを望んでいるはずです。


　本書の出版までには，たくさんの方にお力添えいただきました。原著出版後に企画した「新型コロナウイルス感染症におけるあいまいな喪失とレジリエンス」のシンポジウムでは，ボス博士と柳田邦男先生に素晴らしいご講演をいただき，ウェブ講演ならびに再上映合わせて，のべ 1,800 名以上の方の申し込みをいただきました。両先生に深く御礼申し上げるとともに，ご支援賜りました福島医学会，日本家族療法学会に厚く御礼申し上げます。

　また，これまでのあいまいな喪失の研究や日本での実践におきましては，JDGS プロジェクトのメンバーである黒川雅代子先生や中島聡美先生，福島大学の生島浩先生はじめ日本家族療法学会の先生方，および東日本大震災の被災地支援者の皆様のご協力が不可欠でした。

　日本での出版にあたっては，誠信書房の中澤美穂さんに特にご尽力いた

だいたほか，翻訳にあたっては，小笠原知子，石井千賀子との3名で，ボス博士の意図が伝わりやすくなるよう何度も訳を再考し，こうして1冊の本をお届けできることになりました。パンデミックの猛威はすでに落ち着いていますが，今だからこそ当時のことを振り返り，未来への変化を起こすために，すべての人に役立つ本であると確信しています。

　これまでに出版された『あいまいな喪失とトラウマからの回復――家族とコミュニティのレジリエンス』『あいまいな喪失と家族のレジリエンス――災害支援の新しいアプローチ』（いずれも誠信書房刊）に続き本書を出版できたのは，皆様のご協力・ご尽力のお蔭です。この場をお借りし，心から御礼申し上げます。

　　2023年10月

訳者を代表して　　**瀬藤乃理子**

# 目　　次

凡　例

本文中の上付きの数字は以下を表します。
1）：文献番号
＊1：原注（原書の注釈）
†1：訳注（訳者によって付された注釈）

パンデミック，災害，そして人生におけるあいまいな喪失
——終結という神話——

# 謝　辞

　本書は，私の40年にわたる臨床と学術の業績からだけでなく，個人的な喪失体験からも生まれました。どちらも，1930年代の大恐慌から現在に至るまで，私が生きてきた時代によって形作られたものです。80歳後半になった今，個人的経験と専門的な知見を融合させ，その両方が，パンデミックによる多くの喪失が引き起こされているこのときに，皆様のお役に立つことを願っています。

　本書の構想は，臨床の現場で，そして世界各地で，何らかのあいまいな喪失に苦しむ家族と接しているうちに浮かんできたものです。私は多くの文化で，「喪失の後の終結」は不可能であり，またそれを望んでいないことを目の当たりにしました。また，多くの場合，死それ自体にもあいまいさがあることも知りました。最近では，あいまいな喪失というレンズを使って世界を見ると，よりグローバルな喪失，たとえば人種差別による喪失や，気候変動による喪失などの緊急性を理解するためにも有効だと聞いています。

　本書の出版が実現できたのは，多くの人たちのおかげです。編集者のデボラ・マルムッド（W. W. Norton & Company 副社長）には，本の企画を受け入れ，担当編集者になっていただいたことに深く感謝しています。パンデミックと政治的混乱のなか，絶えず変化する状況下で本書をまとめることは，特に困難なものとなりましたが，デボラの専門的な助言と采配に感謝しています。

　本書では，私自身の体験談以外，実在の人たちの許可を得て掲載しています。それぞれが自身の本を出しているので，彼らの話の内容はすでに公にされています。サラ・ジョンソン，ドナ・カーネス，デビッド・フラン

シスには，あいまいな喪失とトラウマに関するつらい話を開示してくだ
さったことに感謝します。

　特にドナ・カーネスには，2012 年に *Family Process* という臨床系の雑誌
に，論文 The Myth of Closure を共著で執筆したことに感謝します。これ
は本書の前身となったものです。

　また，私の企画書の初期段階でフィードバックをしてくれた，マー
リー・ルソフとフィリップ・ターナーに感謝します。本書は当初とは方向
性が変わりましたが，草稿段階での支援に感謝します。

　ミネソタ州ミネアポリス市にある「ザ・ロフト（The Loft）」は，作家
たちがよく活動の拠点として使う場所であり，本書の初期の草稿を考え，
執筆のための静かな場所を提供してくれたことに感謝します。

　また，初期の原稿を読んで貴重なフィードバックをくれた臨床および学
術界の同僚，友人であるウィリアム・アレン，チャランドラ・ブライアン
ト，スーザン・コンリン，カーラ・ダール，ノリコ・ガンブリン，ゲイ
ル・ハートマン，ロリ・カプラン，タイ・メンデンホール，エリン・シェ
フェルス，キャロル・リグス，ポール・リグス，マーガレット・シュリー
ア，ポール・フォンドラシーク，リサ・フォンドラシークに感謝の念を捧
げます。

　パンデミックの最中，厳冬の屋外で，私の写真を撮影する必要がありま
した。その写真を撮ってくださった，退職した科学者でありプロの写真
家，そして友人であるステファン・キスラーに感謝します。

　1970 年代以来，私が関わってきた数多くの個人や家族の皆さん，この
本のテーマであるあいまいな喪失と終結の神話について教えていただき，
ありがとうございました。深く感謝しています。あなた方は私の人生と考
え方を変えてくれました。その多くが本書に反映されています。

　現在，世界中の若手の研究者，メンタルヘルス専門家，人道支援活動家
が，あいまいな喪失の理論とその応用を，異なる文化において新しい方法
で適用することにより，人々がグローバルな喪失を理解できるよう役立て

ていることに私は深く感謝し，声援を送ります。結局のところ，一般的に
理論とは社会的に構成されるものであり，その妥当性と有用性を判断する
ために，時間をかけて検証する必要があるのです。この必要な科学的プロ
セスが継続されていることに感謝します。

17年間一緒に仕事をしてきたアシスタントのキャロル・マリガンにも，
深く感謝の意を表します。書式の設定，事実確認，参考文献やメモの整
理，そして正直なところ，私よりも上手にタイピングしてくれる彼女のお
かげで，執筆が可能になったのです。彼女は素晴らしい才能の持ち主であ
り，一緒に仕事ができ，とても幸せです。キャロルは私のすべての本で助
けてくれましたが，特に本書においては，パンデミックの影響でより困難
な状況のなか，私を助けてくれたことに感謝します。

息子のデイブ・ボスと娘のアン・ボス・シェフェルスには，変わらぬ愛
と支援に感謝しています。二人が子どもの頃から私は本や論文を書き続
け，皮肉にも彼らにとっては私が心理的に不在であることもありました。
当時も今も，彼らの愛情あふれる配慮と励ましがなければ，執筆を続ける
ことはできませんでした。現在では彼らの子どもたちも私を応援し，編集
やテクニカルな問題を手伝ってくれています。エリン・シェフェルス
Ph.D，セアラ・シェフェルス，ヘイリー・ボス，クリストファー・シェ
フェルスに感謝します。

私の夫は，本書を書き始めたときはそばにいましたが，書き上げる前に
亡くなってしまいました。彼は私の献辞を読むことはできませんが，載る
ことは知っていました。私たちはいつもお互いの著作について話し合って
きましたが，それができなくなりとても残念です。しかし，残された私た
ち家族は皆，今，新しい希望があり，私はそのことに満足しています。

# 序　文

　今回のパンデミック（世界的感染大流行）の少し前になりますが，行方不明になっていた犯罪被害者の遺体がようやく発見されたというニュースを，テレビの討論会で取り上げているのを聞いていたときのことです。参加者の一人が，遺族が「closure（終結）」できてよかった，という発言をしました。すると，司会者のアンダーソン・クーパーは即座に，「closureはメディアの造語だ」と反論したのです。私にとって，この批判的な言葉はメディアの常識を覆すもので，よくぞ言ってくれたと思いました。おそらくクーパーは，10歳のときの父親の死，兄の自殺，そしてつい最近では母親の死という個人的な体験の痛みから，「closure」などないことを学んでいたのでしょう。

　今日でも，多くのメディア関係者やジャーナリストは，つらい物語の最後に良い結末をつける言葉として，「終結」という言葉を使っています。おそらく視聴者や読者を満足させる言葉なのでしょうが，終結が神話であることを経験的に知っている人々にとっては，そうではありません。単に終結を宣言したとしても，第三者にとっては慰めになりますが，遺族にとっては傷つけるものとなります。愛していたのなら，覚えていたいと思うものです。新たな方法で前へ進みながら，終結しないままでいることもできるのです。

　このような終結の理想化は以前にもあったことですが，このパンデミックの否定にひと役買っています。「でっち上げだ。危険なことはない。マスクをする必要はない。人ごみを避ける必要なんかない」と。パンデミック否定派は「終結」という言葉を使いませんが，彼らの行動には，その信念が反映されています。一件落着，危険なし，そして絶対的な思考，こう

いったものがそこにあります。

　私が言いたいのはこういうことです。「終結」という言葉を使い続けること自体に，喪失やグリーフ（喪失の悲しみ）は時が来れば終わるように思われている，あるいは始まりすらないという神話や，苦しみと向き合い，苦しみとともに生きることを学ぶよりも，苦しみへの扉を閉ざすほうが，精神的に健全だという神話を永続させているのです。

　調査研究によると，私たちは悲しみを否定したりその扉を閉ざしたりするよりも，グリーフ[†1]とともに生きていくほうが，より良く生きることができるという結果が出ています[1)-5)]。多くの苦しみを経験した今，私たちに求められているものは，喪失したものを認め，それに名前を付け，意味を見出し，終結を求める気持ちを手放すことなのです。終結を求めるのではなく，意味と新たな希望を探すのです。この意味と希望の探索は，何年も前のことであっても，自分の家族の喪失を認識することから始めます。アンダーソン・クーパーが，俳優のホアキン・フェニックスとの *60 Minutes* という番組のインタビューの中で，兄であるリバー・フェニックスを亡くしたことについて話しているときに，「悲しみは時系列では語れない」[6)]と言いました。アンダーソン・クーパー，社会の人々を教育してくれたことに対し，私は心から感謝します。

　私は，ジャック・パアーとディック・キャベットが司会をしていた頃から，深夜のトーク番組を見ていたので，スティーブン・コルベールが当時の副大統領であったジョー・バイデンと，喪失について話していたときも，関心を持って聞いていました[7)]。二人は共に，若い頃に何度も心に深い傷を負うような喪失を経験していますが，その喪失を終わらせようとしなくても，前向きに生きていく方法を見出してきたようです。彼らはそのような喪失について，それほど深刻な感じではありませんでしたが，その話には心がこもっていました。また，J・R・R・トールキンのファンであ

---

†1（訳注）　喪失によって起こる心理的・身体的症状や行動的変化を含む情動的反応。

るコルベールは，同じくトールキンの大ファンであるアンダーソン・クーパーとのインタビューにおいて，「存在することは贈り物であり，存在することには苦しみが伴います」とつぶやきました。「苦しみから逃れることはできません。私はその出来事が起こってほしくなかったし，どんなに起こらないでほしかったかしれません。もしあなたが自分の人生に感謝することができるなら，起こったことすべてに感謝すべきです。それは誰でもできることではないですし，私自身も常にできているわけではないですが，そうすることが最もポジティブなことだと思います。これに感謝してあれには感謝しないなどと，選ぶことはできませんから」。この言葉は『ロード・オブ・ザ・リング』の作者 J・R・R・トールキンの言葉であることを明かし，二人は何年も前に起こった喪失について，率直で心のこもった話を続けました[8]。私たちが愛し，そして亡くした人々とのことが終結する可能性はないでしょう。しかし，私たちは彼らと共に生きることを学び，その人たちのことを思い出しながら前に進むことはできるのです。

　本書はセラピーの本ではありませんが，喪失の意味合いについて，喪失に終結はないということについて，そして，そのあいまいさや分からないことを抱えながら生きていくために何が必要かについて学びたい人にとって，セラピーのように役立つことを願っています。あいまいな喪失を避けられないとき，新たな希望と新しく人生を生きる力を与えてくれるのは，レジリエンス[†2]であって終結ではありません。パンデミックによる大きな喪失と向き合う今，終結が起こることはないでしょう。喪失の物語は，世代を超えて語り継がれるでしょう。願わくば，それが喪失とレジリエンスの両方の物語であることを望んでいます。

---

†2　広義に，個人あるいは集団（たとえば家族）が本来持っている強さ，特長を表す。生来的に持っているもの，また，世代間で継承されたり，生育環境や本人の成長の過程を通して顕在化するものとして，捉えられる場合もある。専門分野によって定義の内容がやや異なる。

　終結は神話であるという考え方は，私が移民の家庭で育った子どもの頃に学んだことかもしれません。しかし，特に私が19歳で初めて大きな喪失を経験したとき，より明確にその教訓を学びました。1950年代に大流行した延髄ポリオのために，私が母親代わりをしていた弟を亡くしたのです。私は今でも弟のことを思い出します。弟の死後，死亡診断書が発行され，葬儀が行われました。それでも私には，答えの見つからない問いがたくさんありました。今でもそうです。しかし，この現象を「あいまいな喪失」と名付けようと思い立ったのは，私がウィスコンシン大学マディソン校の博士課程に在籍していたときでした。専業主婦だった私は当時，大学に戻り，人間の発達，特にふた親のそろった家族における父親の不在について研究し，「両親のいる家族における父親の心理的な不在」という言葉を思いつきました。教授からは，「いい線いってるけれど，もっと一般的な用語を探したほうがいいよ」と言われ，私は家に帰ってしばらく考えました。そして最終的に「あいまいな喪失」という用語を思いついたのです。その後は皆さんがご存知のとおりです[1]。

　あとになって，なぜ心理的な父親の不在について考え続けていたのだろうと思いを巡らせてみると，ふと，子どもの頃からそのような思いで生活していたことに気づきました。1929年にスイスから移住してきた私の父は，世界恐慌と第一次世界大戦の影響で，愛する母や兄弟姉妹から切り離されました。戦争が終わるまで，電話さえも許されなかったのです。私が物心ついた頃には，家族の誰かが亡くなったことを知らせる黒い縁取りのある手紙が届くと，父が悲しんでいる姿がありました。海を越えた向こうに父の愛する家族がいることを感じていましたが，私はその人たちのことを知りませんでした。あいまいな喪失について初めて私に教えてくれたのは，父の移民としてのホームシック，そしてスイス人であった母方の祖母のホームシックでした。子ども時代，私の周りにはこのような光景があふ

---

[1]（原注）　Ambiguous Loss, https://www.ambiguousloss.com. を参照。

れていました。

　私がこの現象を名付けたときに驚いたのは，それがいかに普遍的なものであるかということでした。多くの人々が私にこう言ったのです。あいまいさと共に生きていくことができることを理解して，そこに終結が必要ないと分かれば，どれほど助けになるだろう，と。そして，あいまいな喪失にはなんと多くの種類があるのかにも驚きました。たとえば，2020年の新型コロナウイルスのパンデミックのような大惨事から，別れ，離婚，養子縁組など，より一般的で日常的なものや，移民や移住で故郷を離れることなどが含まれます。

　あいまいな喪失とは，障害でも病的な症候群でもなく，生きていくための枠組みにすぎません。その枠組みは，喪失の複雑さと意味合いを理解し，それとどう折り合いをつけて生きていくかを助けてくれるものです。そして，私が注目しているのは，明確化できない喪失とともに生き，歩みを進めるためのレジリエンスを構築することです。ここでいうレジリエンスとは，あいまいさへの耐性を高めることを意味します。

　新型コロナウイルスによるパンデミックによって顕在化した不確実性の結果，あいまいな喪失は急増し，個人としても集団としても，私たちが今後，何年にもわたって対処しなければならないような後遺症を残しました。私はアメリカ人の視点から書いていますが，本書に書かれている終結，あいまいな喪失，悲しみ，社会的不正義に対する考え方は，文化の違いを超えて応用され，世界中で適用できるものです。私は，パンデミックによってもたらされた喪失にいまだ抜け出せず，その意味を理解しようとしている何百万もの人々のために書いているのです。

　世界中で多くの人が病み，死んでいくなかで，私たちは今，この大きな死の影から抜け出そうとしています。人生は続いていきますが，それは違うものになるでしょう。いえ，すでにそうなっているのです。変化は必要であり，そして今，起こっているので，私たちはかつての姿に戻ることはありません。今，私たちに必要なことは，起こったことすべてを振り返

り，どんな喪失があったのか，それにどう対処しているのか，そして個人として，国家として，国際社会として，どうすれば新しい方法で前進していけるのかを考えることです。そのためには，何が助けになるでしょうか。それは，喪失には終結がある，という考えを捨て，代わりに失ったものに意味を見出すこと，ポジティブなこととネガティブなことについて「ＡもＢも両方とも」という考え方をすること，あいまいさに対する許容度を高めること，そして最後に，何かこれまでとは違うことをすることで変化を起こすというリスクを負うことです。

■　■　■

　本書は，トラウマとなるような喪失や変化が起こったあとも，前に進むために役立つように構成されています。なぜ終結が神話なのかを理解する前に，あいまいな喪失を理解する必要があるため，第１章ではあいまいな喪失についての復習と最新情報から始めます。あいまいな喪失とは何かを理解し，喪失に終結があるというのは神話であり，それは真の助けとはならず，実際，達成不可能であることが分かるでしょう。

　第２章では，神話としての終結についての私の考え，そして終結という言葉だけでなく，「頑張れば悲しみを乗り越えられる」という考え方が使われ続けていることへの不満を述べたいと思います。実際，頑張れば乗り越えられるのでしょうか。いいえ，乗り越えることはできません。しかし，喪失とともに生き，同時に良い人生を送ることを学ぶことはできるのです。

　第３章では，パンデミックとともに，人種差別というもう一つの世界的な問題が，より可視化されたことについて述べたいと思います。あいまいな喪失と終結の神話はいずれも，終結をみることなく続く人種差別や，世代間で継承されるトラウマに関連するものです。私たちはもはや，今日の人種差別による多くの喪失や，終結なく世代を超えて継承されるトラウマ

を，否定することはできないのです。

　第4章はレジリエンスについて取り上げており，これは，すぐに解決できないつらい状況にある私たちにとって，おそらく最良の希望となるものです。

　第5章は，「いない」と同時に「いる」というのパラドックス†3を受け入れることによって，喪失に対処していくことを勧めています。

　第6章では，喪失後の苦痛を軽減するための新しい考え方を提案しています。

　第7章では，喪失があいまいであれ，明確であれ，喪失とともに生きるためのレジリエンスを構築する助けとなる六つのガイドラインを説明しています。

　第8章では，通常の悲しみとは何かを説明し，著名な先人たちの個人的な文章から学ぶことのできるグリーフについて，指摘したいと思います。

　第9章では未来に目を向け，パンデミックを通して今なお経験している変化とその変化にまつわるストレス，そして，特にトラウマと喪失のあとを生き抜くために変化が必要である点を論じています。

　どうかこの本が，あいまいな喪失であれ，明確な喪失であれ，あなたの喪失に意味を見出すことに役立ちますように。あなたの経験した喪失が普通ではない状況で起きたとしても，あなたの感じる悲しみは自然なものであること，そしてその喪失や悲しみに終結がなくてもあなたは喜びのある人生を送ることができることを本書を通して発見できますように。

　本書の大部分は2020年に執筆しましたが，完成したのは2021年です。その間，新型コロナウイルスが世界を覆い，その後変異したため，病人や死者の数が何度も急増しました。また，2020年の秋に私の夫が脳卒中で亡くなるなど，悲劇的な出来事もありました。夫は以前から病気を患っていましたが，一緒にいられる時間はまだまだあると思っていました。書き

---

†3　論理的に矛盾する見解，真逆な考え方や視点，またはそれが導かれる過程のこと。

ながらも悲しみを感じることが多かったので，この個人的な喪失を読者に
隠さなくてもよいと思いました。そして，ちょうどワクチンについての嬉
しい知らせが入ったころ，この本を書き終えました。同時期に，マスクや
ソーシャル・ディスタンスが大きな政治問題になっていきました。緊張が
高まり，2021年1月6日，迷走する大統領に扇動された暴徒が連邦議会
議事堂を襲撃し，政治は命がけとなりました。しかし，アメリカ人のほと
んどは律儀に投票所へ赴き，前例のない数の投票が行われました。多くの
人々は科学者や医師の勧告に従い，必要なことを行いました。命を救うた
めに集団的な対応が必要なとき，個人の権利への要求を抑え，横に置いて
おくことは，レジリエンスの表れです。

　間違いなく，私たちの生活のなかで喪失や苦悩のときがこの後もやって
くるでしょう。願わくば，このパンデミックのときほど大規模ではないこ
とを祈ります。私たちは，並外れた方法で試されています。どうぞ，読者
の皆さんが終結ではなく，意味を探し求めるためのレジリエンスを見出す
ことができますように。そして，皆さん自身の喪失の悲しみのなかにも，
平和を見出すことができますように。

# 第1章

# あいまいな喪失
## *Ambiguous Loss*

> 韻を踏まない詩もあるし，起承転結がはっきりしない物語もあることを，
> 私は今，身をもって知ったのです。
>
> ──ギルダ・ラドナー『いつも何かある』

　あいまいさも喪失も，私たちの文化ではポピュラーなテーマではありません。しかし今，パンデミックのために，私たちはその両方に巻き込まれています。あいまいな喪失とは，はっきりしないまま残り，公的に認められることもすぐに解決することもなく，また，将来的にも解決することがないかもしれない喪失のことです。私たちが愛する人々は，身体的にはいなくなっても心理的には存在し続けることができるし，反対に，身体的には存在していても心理的にはいなくなってしまうこともあります。私たちが悲しみを感じても，死んだことがはっきりしていなかったり，死の確証がなかったりすると，嘆くことが時期尚早だと批判されがちです*1。

　このようなあいまいな喪失は，私たちの一生の間にいやおうなく起こります。私の場合，子どもの頃は周囲にいた移民のお年寄りが感じていた郷

---

*1（原注）　あいまいな喪失は，不確かな喪失であるため，悲しみに値するものと他の人からみなされない。そのため，「公認されない悲嘆」†1を引き起こす（Doka, 1989, 2002）。
†1（訳注）　グリーフの重要な概念の一つで，公には認識されず，悲しみの深さが社会的に認められにくい悲嘆のこと。同性愛のパートナーや婚姻関係にないパートナーの死，ペットロスなどさまざまな種類がある。

愁の思い，そして 40 代になると離婚，また，かつてはしっかりしていた両親が弱っていくなかで，あいまいな喪失を経験してきました。80 代になった今，親しい友人や家族が，末期の疾患でだんだん私の周りからいなくなっていきます。そのなかにはアルツハイマー病，あるいはその他さまざまな病気や健康上の問題が原因で認知症を患い，心理的に不在になった人々もいます。そして今，私たちのほとんどが経験したことのない規模で，パンデミックが起こっています。

　この世界的な健康危機は，多くのあいまいな喪失をもたらしました。愛する人は，家族に看取られることを許されずに病院で孤独に亡くなり，最期のお別れをするという慰めの機会を皆が失いました。学生たちは，卒業式でクラスメートとの送別の機会を失い，新しい学年の始まりに新しい友達と出会う機会も失いました。低学年の子どもは自宅で，その多くは自分の部屋で，ひとりコンピューターの前で授業を受けました。また，通信手段やパソコンがなく，インターネットにアクセスできずに苦労した子どももいます。成長していくなかで貴重な節目の体験が失われたことは，若者にとっても，その親にとっても，これまでまったく経験のないことでした。

　年齢に関係なく，誰もが好きなようにどこにでも行ける自由と主体性が失われました。人生の楽しみの一つであった移動の自由が失われたうえに，私たちは隔離されたのです。多くの人が仕事を失い，在宅勤務を余儀なくされました。また，多くの人が，医療を受ける機会があり，家族のために十分な食料があり，屋根の下で生活を送るという安心感を失ったのでした。パンデミックによって毎日多くの人が感染し，命を落とすなか，不透明感が増し，私たちは世界が安全で先が予測できるはずだといった信頼感を失う，究極の喪失に見舞われたのです。これらのことは不安と苦悩が重なった試練と言えます。

　喪失のストレスに少しでもうまく対処し，そのストレスを管理するためには，まず，何が失われたのかを明らかにしなければなりません。以下

は，多くの人が経験した，あるいは現在も経験しているとされる，パンデ
ミックで失われたもののリストです。明確な喪失（収入の喪失，家の喪失
など）もあれば，あいまいな喪失（世界が安全な場所であるという信頼感
の喪失，愛する人の亡骸がどこにあるのか分からないことなど）もありま
す。あなたに当てはまると思う喪失を考え，以下に丸をつけてみてくださ
い。あなたの喪失がリストにない場合は，該当するリストの末尾に追加す
ることもできます。

## ■新型コロナウイルスが原因のあいまいな喪失

* 将来への希望，夢，計画の喪失——充実感や満足感を約束されていた
  人生や生き方の喪失
* 自分と家族の安全や健康に対する確信の喪失
* 日々の習慣の喪失
* 幼い子どもたちが友だちと遊ぶ機会の喪失や，年齢に関係なくすべて
  の学生が学校で学ぶ機会の喪失
* 子どもが自宅学習をしなければならないために，親が自分の時間や働
  きに出る自由を失ったこと
* 入院中であったり死期が近い身近な人と，一緒にいることができない
  という喪失
* 大切な人の遺体や遺骨がどこにあるのか分からないために起こる，従
  来の葬儀や埋葬が行えなかったこと
* 人生の主要な出来事である誕生，卒業，結婚などを，コミュニティで
  ほかの人と共に祝う，または死を人々と共に哀悼する，といったこと
  ができないという喪失感
* 大切な人やものを失くしたとき，コミュニティからサポートや慰めを
  受けることができなかったこと
* 学校や大学が突然休校となったため，友人にさよならも言えなかった

という喪失感

* コンサート，スポーツ，講演会，同窓会など，大きなイベントに参加
できなくなったという喪失感
* パートナーや子どもと過ごす時間を自分で調整できるというコント
ロール感の喪失（一緒に過ごす時間が多すぎたり，少なすぎたりして
しまうこと）
* 世界は公平・公正であるという信頼感の喪失
* 指導者や権威あるものに対する信頼感の喪失
* 好きなときに好きなように移動するという自由の喪失。
* ……の喪失（あなたの喪失を追加してください）

## ■明確さはあるが，それでもあいまいさや不確かさが残る かもしれない喪失

* 死亡確認された家族，友人，同僚の死
* 仕事の喪失
* 事業の喪失
* 収入の喪失
* 退職後の蓄えの喪失
* 自宅やアパートの喪失
* 衣食住への安心感の喪失
* ……の喪失（あなたの喪失を追加してください）

あいまいな喪失はどこにでもありますが，それを経験している私たちで
さえ分かりにくいため，認識されることはほとんどありません。すべての
喪失はストレスになりますが，あいまいな喪失は，喪失と悲しみの両方が
凍結されてしまうため，さらなるストレスとなります。このような場合，
人々はたいてい，物事が正常に戻ること，喪失が回復することを待ち続け

ます。ただ，悲しいことに，そのようなことはめったに起こりません。

　パンデミックの状況が次々に変化していくなかでストレスを軽減するには，あなたが失ってきたものが明確であろうとあいまいであろうと，それを認識し，その喪失を悲しむ時間と場所を持ってみてください。喪失がすべて死に関わるものではないこともあるでしょう。新型コロナウイルスが大流行していた最悪の時期，家で仕事をしながら子どもたちに勉強を教えなければならなかったとき，あるいは長期に及んだ隔離生活が原因で起こった家族の揉め事のなかで仕事をしようとしたとき，自分の自由と自立した立場が失われたことを嘆かずにはいられなかったはずです。普段ならオフィスや喫茶店に逃げ込んで，仕事をすることもできたかもしれませんが，外出を控えなければならなかった間は，そうした選択肢も失われていました。私たちのほとんどが，友人とランチをしたり，スポーツジムやヨガ教室に行ったり，ゴルフをしたり，ランニングをしたり，マッサージを受けたり，単に自分が安全で安心だと感じられることなど，それまで自分の気持ちを穏やかにするために行っていたことが自由にできなくなったのです。

　しかし，もっと危険なのは，トラウマになるほどのあいまいな喪失です。会うことができない状況での愛する人の喪失，自分自身の健康，家，仕事，事業，また家族に食べさせる十分な食料などを失うことです。そのようなトラウマは，あいまいさによって悲しみが凍りつき，日常生活を支障なく送る力を奪ってしまうのです。行き詰まったり，自分に価値がないと思ったり，圧倒されたり，希望がないと感じると，あなたの健康に危険がもたらされます。そのような喪失によって，無力感や絶望感を感じたり，自己嫌悪に陥った場合は，専門家の治療を受けることを考えましょう[2]。そうすることで，あなたの命が救われるかもしれません。

---

＊2　セラピストを探すには，American Association for Marriage and Family Therapy（AAMFT：アメリカ夫婦・家族療法学会）https://aamft.org/Directories/Find_a_Therapist.aspx および American Psychological Association（APA：アメリカ心理学会）https://locator.apa.org/ を参照。

　もし，専門家の助けが必要ないと思える場合，自分自身のために何ができるでしょうか。私がお勧めするのは第一に，心が動揺したときのストレスや不安を軽減するために，あいまいさに耐える力を高めることです*3。これは，「やればできる」という文化においては，簡単なことではないでしょう。しかし，ストレスに耐えるレジリエンスを養うためには必要なことです。これを練習するには，自分の考え方に疑問や質問を投げかけてくれる人と一緒に行うのが一番良いでしょう。第二に，ウイルスやワクチンのこと，仕事や学校のこと，マスクをつけるかどうか，また隔離されるような状況にいかに適応するかなど，多くの未解決の問題があるなかで，私たちが持つ不安は，今も昔も心の病気ではないと自覚する必要があります。別の言い方をすれば，私たちがパンデミックのなかで感じている不安は，異常な状況に対する正常な反応と言えます。その不安は，何が起きているのか，起きていることに終わりが来るのか，そうであればいつ終わるのか，安全に過ごすにはどうしたらよいのかなどが，分からないことに起因しています。そして，それは，何が起こっているのか事実に基づく情報が不足しており，そのことによる混乱，疑念といった私たちの喪失を取り巻くあいまいさから生まれた不安なのです。今，より冷静に生きるためには，あいまいさへの耐性を高めるだけでなく，問題の原因は自分にあるのではなく，自分の外にあるのだと考えましょう。私たちの不安は私たちのせいではありません。確かにこのパンデミックは異常事態なので，私たちの不安の原因は，個人の弱さからくるものではなく，実際に危険な状況のなかにいるのだと知ることが助けになります。第三に，私たちの中には頑固なほど個人主義を誇りにしている人もいるかもしれませんが，もっと他者のことを考える必要があります。マスク着用は政治的な問題ではなく，地域社会と愛する人を守るためのものです。今，私たちは共にパンデミッ

---

*3　研究者らは「あいまいさの耐性尺度」を開発した。あいまいさの耐性が高い人では，なじみのない環境においても不安を覚えることなく，実際にそういう環境を好む傾向がある（Herman at al., 2010）。

クを経験しているので，共に新たなものを立て直すことができるはずで
す。

　新型コロナウイルスの結果，起こったことや，現在も起こっていること
を理解するため，私は喪失によるストレスと，あいまいさに長期間耐える
ために必要なレジリエンスに焦点を当てます。ストレスとレジリエンスに
焦点を当てるのは，医学的なアプローチを否定しているのではなく，その
ことによって起こる病気や障害への注目をもっと高めるためです。私は治
療を提供することはできませんが，できれば皆さんが，この本を通して喪
失の意味合いをより深く理解し，この不確かで変化の時を切り抜けるため
に，レジリエンスを強化できることを願っています。

## ■あいまいな喪失のストレスにどう対処するのか，何から
　　始めるのか

　私は国内外を問わず，戦争，津波，テロ，そして治療法のない病気を乗
り越えた人たちに関わっていますが，個人や家族，コミュニティのグルー
プに対して，いつも次の言葉で始めます。「あなたが経験しているのは，
あいまいな喪失です。これは根本的な解決をみることがない最も難しい喪
失なのです。これはあなたのせいではありません。問題はあいまいさで
あって，あなたではないのです。しかし，それがトラウマ化して，心を病
む原因になることもあります」。この言葉から開始します\*4。

---

\*4　大規模な災害が起こった，ニューヨーク，コソボ，ウクライナ，日本，オーストラリ
　　ア，メキシコ，チューリッヒ，ジュネーブ，ニューヨークその他で，このアプローチが
　　行方不明者の家族を支援するために使われた。現在では，研究者や臨床家がさまざまな
　　種類のあいまいな喪失を理解するために，全世界であいまいな喪失理論を用いている。
　　米国同時多発テロが起こったニューヨークで，東日本大震災で地震と津波に襲われた日
　　本で，そして数多くのハリケーン，火災，洪水が起きた後で用いられたのと同様に，パ
　　ンデミックにおいても，このあいまいな喪失というレンズが，広範囲に使われている。

## ● あいまいな喪失の種類 ●

　あいまいな喪失には二つのタイプがあります。一つ目は身体的なもの
で，埋葬する遺体もなく，死亡の証拠もないといったタイプです。コロナ
禍では，遺族が遺体を見ることも，弔いや埋葬といった通常の葬儀や儀式
を行うことも許されない場面を，私たちは見てきました。2001年9月11
日に同時多発テロが起こったニューヨークのツインタワーで，また2011
年に日本の東北地方を襲った津波のあと，行方不明の家族はこの一つ目の
あいまいな喪失【タイプ1】に苦しみました。同時多発テロでいまだに行
方の分からない人たちの家族の約4割は，死亡の証明がなく，喪失のあい
まいさを抱えたままになっています[1]。また，新型コロナウイルスのパン
デミックでは，多くの人が愛する人の死に立ち会うという昔から大切にさ
れてきた時間やそのような機会を失い，多くの人がこれからもずっと忘れ
ることのない，あいまいな喪失を経験しました。

　このような大惨事に加え，日常的には，別離，別居，離婚，移住，移
民，そしてコロナウイルスのために学校や保育所が閉鎖され，子どもの世
話をするために有給の仕事を辞めた100万人に近い母親たちの雇用の安定
が失われたことも，物理的にあいまいな喪失をもたらしている例と言えま
す[2]。彼女たちが職の安定を取り戻せるかどうかは，まだ不明なままです。

　今日，私はさらに「ゴースト化する」という言葉を，あいまいな喪失の
リストに加えます。これは，誰かが突然あなたとの関係を断ち，それ以上
のやり取りや連絡がなく，あなたの人生から消えてしまうことです。意図
的にこのようなあいまいな喪失を一方的に引き起こすことは，人間関係を
終わらせる残酷な方法です。本当に別れたのか，また会えるのかが分から
ないため，残された人は確信のない宙ぶらりんの状態に置かれ，人生を前
進させる十分な意味を見出すことができなくなります。明確な別れがなけ
れば，いなくなった人が戻ってくることを願い続けるでしょうし，そのた
めに新しい人生を歩むことができないかもしれません。

　二つ目のあいまいな喪失【タイプ2】は，認知症や外傷性脳損傷，うつ病など深刻な精神疾患のため，愛する人はそこにいるのに心理的には不在であるという場合です。もっと日常的な例としては，ソーシャルメディアやゲームに固執したり，携帯電話を常にチェックしたりすることで，心ここにあらずの状態が挙げられます。しかし，新型コロナウイルスの流行時には，多くの人がウイルスに対する心配や不安で頭がいっぱいになり，手を洗うこと，食料品や郵便物を拭くこと，自分に近づきすぎる人を疑うことに取りつかれていました。平時であればこれらの行動は強迫観念とみなされ，二つ目のタイプのあいまいな喪失を引き起こす可能性も高い状態でしたが，新型コロナウイルスの流行時には，安全に過ごすために必要なことでした。

## ● 両方のタイプのあいまいな喪失を同時に経験する ●

　心に留めておきたい重要なことは，私たちは両方のタイプのあいまいな喪失を，同時に体験することがあるのです。たとえば，夫が行方不明になった母親が，夫をあいまいな喪失で失うことで，うつ病にもなったような場合，子どもたちは，両親とも失ったと感じます。ママは物理的にはそこにいるけれど，うつ病のため心理的にはそこにおらず，パパは物理的にいなくなったけれど，死の確証はないのです。このケースの子どもたちは，両方のタイプのあいまいな喪失を同時に経験しています。ニューヨークで起こった同時多発テロ以降，そして日本で起こった東日本大震災の津波以降，私たちはこのように子どもたちが二重に親を失う状況を頻繁に目にしました。

## ● どちらかのタイプのあいまいな喪失が同時に複数発生する ●

　もう一つ心に留めておきたいことは，私たちは複数のあいまいな喪失を，同時に経験することがあるということです。たとえば，認知症が進んだ妻と薬物依存症の息子を持つ男性は，二つの心理的なあいまいな喪失を

同時に抱えて，それに耐えていることになります。彼は二人とも心理的に失ったように感じていますが，二人は物理的にはまだ家に一緒にいます。妻はもう心理的に戻ってくることはなさそうですが，息子には治療を受けて戻ってくることを願い続けています。しかし今のところ，彼にとっては，妻も息子も気持ちのうえで存在しているようには感じられません。

## ■あいまいな喪失についての新しい情報

　新型コロナウイルスの大流行が始まり，あいまいな喪失についての取材依頼が急増して以来，私は新しい考え方をもつようになりました。最初，私は家族療法家として，あいまいな喪失は主に家族の問題であると見ていました。家族の誰かが行方不明になり，残された家族があいまいな喪失を経験するのだと。1970 から 80 年代にかけては，行方不明になったパイロットの家族（タイプ 1 のあいまいな喪失），1990 年代には，アルツハイマー病にかかった退役軍人の家族（タイプ 2 のあいまいな喪失）を研究しました。その頃，私はあいまいな喪失とは，体か心のどちらかが失われた家族の一員との密接な関係が断たれることだと考えていました。しかし，ジョージ・フロイドが，私の故郷であるミネアポリスで殺されたあの運命のメモリアル・デー（戦没将兵追悼記念日）以来，いろいろと考えた末，世界中から寄せられた質問と合わせて，私は「あいまいな喪失」についての考えを広げることにしました。それは，一人の人間，一つの家族，一つの地域社会，あるいは世界全体でも起こりうることなのだと。

### ● 個人のあいまいな喪失（内的な原因によるもの）●

　個人的なあいまいな喪失は，自分自身との関係性に影響するような何かを失ったときに起こり，心身ともに，もはや以前の自分ではなくなってしまうような喪失です。自分はまだ生きているけれど，体や心の一部を失ってしまったことを自覚します。タイプ 1 のあいまいな喪失として，たとえ

ば兵士が足を失い，もはや兵役に就くことも，かつてのように活発に運動もできないこと，がんになったため生殖器を取らなくてはならず，望んでいた子どもが持てないことなどです。タイプ2のあいまいな喪失としては，優秀な教師が記憶を失い，もはや生徒に教えることができない，あるいはフットボール選手が繰り返し頭に怪我して慢性外傷性脳障害を患い，もはやプレーができないといったこと，あるいは，私たち自身が年をとり，若い頃に持っていた多くの資質や能力を失ってしまったことも，そう言えるでしょう。このような個人的な喪失は，一つ目のタイプであれ，二つ目のタイプであれ，失ったものや自分の現状に関する混乱に対して心が動揺してしまいます。何が自分の中から消えてしまったか，それを私たちは知っているのです。そのようなときには悲しみを表現することが必要ですが，できれば一人ではないほうが良いでしょう。

## ● 個人のあいまいな喪失（外的な原因によるもの）●

　ここまで私は，視力，聴力，声，記憶の喪失といった，身体や心の中で起こる喪失が原因となる，個人のあいまいな喪失を例に挙げてきました。しかし，個人のあいまいな喪失は，外的な社会要因によってもたらされることもあります。たとえば，ある人がコロナウイルスに感染し，住んでいる地域で後ろ指を刺されるような目に遭ったり，他の国で成功し尊敬を集めていた医師が，この国では医師免許を持っていないためタクシーの運転手をしなければならなくなったり，といったことです。あるいは今日では，致命的なウイルスという外的要因によって，多くの人が持ち家や事業主としての地位を失っています。このようなことから，個人や家族レベルでのあいまいな喪失には，さまざまな意味合いがあるということが分かります。そして今，この困難なときにあっては，その意味合いについてさらに考慮すべきことがあります。

## ● 社会的およびグローバルなレベルのあいまいな喪失 ●

　新型コロナウイルスの大流行以降，あいまいな喪失に関する私の考え方は，個人や家族レベルの意味合いを超えて，社会的，さらには世界的なレベルでも，あいまいな喪失というレンズを使うようになりました。コロナ禍に起きたジョージ・フロイドの殺人事件で，食料品店に向かう途中の10代の少女が録画した動画を私たちは見ました。この殺人は私が住むミネアポリスで起こったものです。彼女が撮影した動画を世界中が目の当たりにし，今日に至っても解決されていない奴隷制度や構造的な人種差別が浮き彫りにされたのです。そこには，黒人コミュニティや他の人々が抱えている，残忍さや喪失によって引き起こされた，何世紀にもわたる怒りや悲しみがありました。このような社会的喪失は，あいまいな喪失なのかという問い合わせが私のところに殺到しましたが，私の答えはイエスでした。認められることのない喪失は，あいまいで未解決のままであるため，深い心の傷は世代を超えて伝わり，何年も経ってから噴出することがあるのです。

　このような社会の中で起こる国レベルのあいまいな喪失を，広義のあいまいな喪失として適用することで，大きな社会問題として捉えるという，さらなる意味合いが加わります。より大きな社会で起こる喪失は，この場合は実際，何世紀も前に起こったものでありながら，今に至るまで認められることも解決されることもなかったのです。私は，より大きな社会の中で，または権力者によって虐げられてきた人たち，権力者の信念のために迫害されたり，肌の色のために売られたり，不当に異なる扱いを受ける人たちのことを考えています。あいまいな喪失というレンズを通して，これらの喪失が社会の変化を通じて認識され，考慮されていくかどうかは，新しい世代の研究者や臨床家がどうとらえるかに委ねられています。過去の喪失の痛みをより良く理解するために役立つものは何でも，より多くの共感と社会の変化へと私たちを導くことができるのです。

　このように社会的レベルで取り組むためには，まず，多くの国々におい
て，物事をコントロールする力や完璧にやり遂げる力が重要であると考え
られていることを，私たちが認識しなければなりません。しかし，（パン
デミックのような）解決策がない，あるいはすぐに解決できない問題に直
面したとき，私たちはひどく取り乱し，不安になったり怒ったりして，コ
ミュニティに重点を置く文化圏の人々よりも対処能力が低くなります。何
でも解決できると思うことは，ほとんどの場合はそれで何とかうまくいく
のですが，解決策のない問題，愛する人が跡形もなく消えてしまったり，
治療法のない病気にかかったりした場合は，何でも自分が解決してやり遂
げるべきだという考え方は役に立ちません。そのためあいまいな喪失とい
うアプローチにおいても，現在のような不確実な時代には，より有効で新
しい考え方が必要なのです。
　実際，人々は私にさらに多くの説明を求めてきています。たとえば，気
候変動による喪失はあいまいな喪失だと思いますが，あなたもそう思いま
すか，と聞かれます。はい，そう思います。北極や南極の氷の融解，海面
上昇，森林や食料を育てる肥沃な土地の消滅によってもたらされる喪失
は，まだすべての人が認めているものではありませんが，すべての生命を
脅かすものです。きれいな空気，きれいな水，食料，大きな災害から身を
守るといった，人間の生活に重要なものが失われつつあります。あいまい
な喪失というレンズを広く用いることで，こうした現代の喪失が理解しや
すくなり，個人，家族，社会，世界といった異なるレベルで適切な支援が
できるようになるのです。
　このような多層的なあいまいな喪失が今まさに起きており，人々の不安
と怒りを増大させています。しかし，もし私たちが支配感や自分の主体性
よりも，他者への共感や気遣いについて考えるようになれば，私たちのレ
ジリエンスを強化することもできます。いったん自分自身や隣人の喪失の
現実を直視すると，いわゆるパラダイムシフトと呼ばれる変化の必要性が
見えてきます。20 世紀末に女性が選挙権を求めてデモ行進し，1960 年代

と70年代に公民権運動やベトナム戦争からの撤退を求めてデモ行進した
ときのように，私たちは以前からこのような経験をしてきました。その後
数十年の間に，性差や性的マイノリティーの平等のため，障害のある人た
ちのため，人種差別に対する社会正義のために，権利を求めるデモが数多
く行われました。しかし，悲しいことに，いまだに選挙権を行使すること
さえ難しい状況があります。気候変動と致命的な新型コロナウイルスの大
流行とともに，これらはすべて，私たちが今，置かれている状況の一部な
のです。変化は進んでいます。私たちが生き残るためには，喪失，そして
そのあいまいさについての考え方を変えなければなりません。どのみち，
私たちはあいまいさから逃げることはできません。常に確実さを手にする
ことなど，できないのですから。

# 第 2 章
# 終結という神話
### The Myth of Closure

　　死は人生を終わらせるものであって，人との関係を終わらせるもので
　　はないのです。

──ミッチ・アルボム『モリー先生との火曜日』

　新型コロナウイルスが猛威を振るうなか，あらゆる種類の喪失が人々の
上に積み重なりました。通りにある家族思いの理髪店主は商売を失い，有
名なレストラン経営者はそのレストランを失い，何十軒もの小さな飲食店
や商店が店を閉めました。コロナ禍で多くの小さな事業が閉店・廃業して
いくにつれて，closure†1という言葉が日常的に聞かれるようになりまし
た。この言葉は，事業を閉じることを表現するには適した言葉ですが，愛
する人を失うという経験のときに使う言葉としては適切ではありません。
　残念ながら「closure（終結）」は，喪失後に訪れる悲しみを終わらせる
言葉として，よく使われます。そこにはいったん終結させれば，悲しみか
ら解放され「乗り越えた」ことになる，という前提があります。しかし，
そうではありません。冒頭で引用した本の中で，ミッチ・アルボムは，死
によって人との関係性は終わらないと書いていますが，そのとき彼の頭の
中にあったのは，毎週火曜日に死を間近に控えたモリー先生を訪問するな

---

†1（訳注）　終結，閉鎖などの意味。

かで形作られていった絆が，死後も続くということでした。ここには終結
はありませんし，終結させる必要もありません。

　家族療法家として，私は主に，予期せぬトラウマ的な喪失に苦しむ人た
ちと関わってきました。そのほとんどが，あいまいさに満ちた喪失でし
た。そのなかで私が学んだことは，たとえ非常に極端に深刻な喪失のケー
スであったとしても，終結がないことが必ずしも破壊的な影響を与えるわ
けではない，ということです。

　サラは同乗していた父親と弟を亡くし，母親が第3度の火傷を負った悲
惨な小型飛行機事故の生存者で，心に傷を抱えた19歳の女性でした。私
がサラとのセラピーを終えてからもう10年以上になりますが，彼女は優
秀な成績で学士号を取得し，結婚して2人の子どもを授かり，その後修士
号を取得し，資格を持つ家族療法家として仕事をするため，夫と子どもと
一緒に国中を移動していました。喪失から10年目の節目に，サラは私に
便りをくれました。

　　　父と弟のザッカリーを亡くしたとき，心の痛みと苦しみのために，
　　私はただ開けることのできないドアを見つめるしかできませんでし
　　た。起こったことが信じられませんでした。当時，亡くなった父と私
　　の間にはまだわだかまりがありました。そして，弟がいなくなったこ
　　とに対して，信じられないという気持ちでいっぱいでした。しかし，
　　事故から10年になろうという日が近づくにつれ，私たちの間に今で
　　もエネルギーが通い合っていることへの感謝に変わってきています。
　　それは，物理的なレベルではなく，今では非常に情緒的，スピリチュ
　　アルな経験として続いています。このような関係は，特に父との関係
　　において，実際に進化を続けてきました。父と私の間には許しが生ま
　　れ，弟があれほど若くして亡くなったことを受け入れることができる
　　ようになりました。許すこと，そして受け入れること。この二つの行
　　為は，以前は想像できなかったほど私の心を大きく広くしてくれまし

た。今では苦しんでいる人たちの気持ちに共感し，純粋に彼らに寄り添うことができます。人は，「ご家族の死に区切りをつけることはできましたか？」と私に尋ねます。正直なところ，区切りは見つけていません。しかし，私は過去にあったことやこれまで起こってきたことを受け入れてきましたし，これから起こることを受け入れるでしょう。結局のところ，私には他人の運命を決めることなど"決して"できないけれど，自分の運命を受け入れ，成長し続けることはできるのですから*1.1)。

　次はドナについてお話します。彼女の喪失は，当時もそうでしたが，今はよりいっそう，あいまいなものです。2007年，彼女の夫は海で姿を消しました。それ以来，誰も彼の姿を見た人はおらず，彼の赤いヨットの残骸も見つかっていません。ドナはこの喪失のあいまいさにひどくもがいてきましたが，14年経った今は，新しい方法で人生を楽しんでいます。彼女は故郷の中西部にある町に戻り，若いときに才能を示していた詩をまた書き始めました。彼女もまた，喪失の終結とそれが引き起こす痛みについてもこのように書いています。「夫がいなくなった直後から，皆，私のことを『未亡人』と呼びたがりました……『ああ，ドナ，自分のことを未亡人と呼べばいいのよ。そうすれば楽に生きられるし，誰も違いは分からないのだから……』と言うのです」。けれども，ドナは自分にはその違いが分かるのだと私に言いました2)。このように，周囲の人が本人以上に終結を望むことは，珍しくはありません。
　ドナは続けて言いました。「私が自分のことを未亡人と呼ぶことは，自分の人生経験をおとしめることでした。起こったことを，『終結』という言葉で蓋をしてしまう文化では，起こったことを覆い隠してしまう一つの方法だったのです」2)。のちに彼女はこう書いています。

---

*1（原注）　私信。ジョンソン（Johnson, 2015）を参照。

　人々はよく，喪失の話題に居合わせることを嫌がります。見知らぬ人の前では，「失踪」という言葉を口にしないように気をつけています。それは，夫が失踪していることに対する彼らの戸惑いを見たくなかったり，覗き見される世界に入りたくないといった，さまざまな理由があります。アルツハイマーについては今は病気になる頻度が高いので，話題として少しは扱いやすいと思いますが，それでも周囲がアルツハイマーの人に感じるような喪失感について声を潜めれば，そのことに直面しなくても済むかもしれない，そういう出来事が自分たちの身には降りかからないかもしれないとでもいうかのように，その話題になると部屋中の人が皆，急に「静かに」なるのです[3]。

　ドナやサラのような人たちから，私は何度も何度も，終結は真実ではなく作り上げられた神話であることを学びました。愛する人が姿を消したり死んだあとでも，その人を心の中に留めておくことができれば，明白な区切りをやみくもに求めることなく，その喪失と悲しみを抱えながらも生きていけることを，私は繰り返し目にしてきました。そうです，喪失を現実のものとして受け止め，同時に新たな希望を持って前進するのです。それは変化するというリスクを負いますが，物事が元通りになるのを待つことではありません。人々は終結を探す代わりに，あいまいさを抱えながら生きていく方法を見つけるのです。

　サラの場合，父と弟のことを「永遠に私の魂の一部である」と言っていた彼女の物語は，当時の計り知れないトラウマと喪失の物語から長い年月を経て，徐々により高い目的をもった物語へと変化していきました。現在，彼女は，自分が育ったときより良い環境のなかで子どもたちを育て，大学へ行ってほしいと常に願っていた亡き父の遺志を継いで，他者を支援する家族療法の専門家の資格を取得しています[1]。

　ドナはもっと芸術的な形で意味を見出しました。優れた詩人となり，芸術家たちのコミュニティのなかで友人を作り，賢明さと思いやりで一族の

中心となっています。今はドナもサラも,「終結」することが可能である
とも,絶対に必要なものとも思っていません。二人とも「継続する絆」を
持ち続けることで,心の平安を保っています[4]。ドナはもっと目に見える
確かなことを望んでいるかもしれませんが,だからといって,そのことが
人生のあらゆる場面で幸福を追求することを妨げたりはしないのです。

■　■　■

「終結(closure)」はよく使われる言葉ですが,どのような意味で使われ
ているのでしょうか。社会学者のナンシー・バーンズが分析したとこ
ろ,この言葉は,さまざまな使われ方をしていることが分かりました。
バーンズは次のように書いています。

　　closure(終結)は,正義,平和,癒し,受容,許し,前進,解決,
　答えの出た疑問,あるいは復讐などの意味で使われることもありま
　す。では,その終結をどのように見出せばよいのでしょうか。人々
　は,区切りをつけようとして木を植えたり,記念のタトゥーを入れた
　り,殺人者を許したり,殺人者が死ぬのを見たり,犯人と話したり,
　手紙を書いたり,手紙を燃やしたり,ウェディングドレスを燃やした
　り,結婚指輪を埋めたり,呪文を唱えたりします。また,ハワイに旅
　行したり,高価なペット用の骨壷を買ったり,自殺したり,死んだ人
　に話しかけたり,検死を見直したり,葬式の計画を立てたりして,区
　切りをつけて,終結しようとします[6]。

バーンズは,これらはリストのほんの一部だと言っています。
　しかし,私の定義する終結とは,その言葉の意味そのものに焦点を当て
たものです。喪失との関連で言えば,終結は完結,最終状態,終わったも
のという意味です。明確で,絶対的な終わりを意味するのです。しかし,

多くの人はそのような完全で絶対的な関係の終了を望んではいません。本章の冒頭に引用したミッチ・アルボムは，「死は人生を終わらせるものであって，人との関係を終わらせるものではない」[7]と述べています。私からは，それに加えて離婚は結婚を終わらせますが，必ずしも相手との友情や共に子どもを育てる親であることを終わらせるものではない，という一文を付け加えておきます。

　私がウィスコン州立大学マディソン校の大学院にいたときのことです。家族療法家であるカール・ウィタカーが，ゼミで「人は絶対に離婚できない」と平気で口にしたので，怒った学生がいました。私はちょうど離婚したばかりで，そんな話は聞きたくありませんでした。私は終結を望んでいたので，離婚届けを出せばすべて終わると思っていました。しかし何年か経って，私は元夫への思いが増していることに気づきました。今ならウィタカーが言った意味が分かります。一度愛情があって結ばれたのなら，法律的に離婚したとしても，その結びつきが終わらないことがあるのです。今でも，二人の子どもの見た目の良い顔立ちやスポーツマンぶりを見ると，若かった頃の夫のことを優しい気持ちで思い出します。

　結局のところ，たとえ終結を求め続けたとしても，もともとそれは不可能なことなので，最終的にエネルギーを消耗するだけで，情緒的な成長やレジリエンスに向かうことを防げてしまうのです。終結を求めないことの利点はたくさんあります。第一に，肯定的であれ否定的であれ，私たちはみな，他から影響を受けた部分を持っていますが，それらを味わったり，ときには抗ったりする時間を与えてくれます。第二に，終結をあきらめることで，あいまいさに対する耐性が高まり，その結果，将来体験する喪失に対して，よりレジリエンスを高めることができます。第三に，自分以外の人たちも共にこの世界にいることがもっと分かるようになり，この世界にずっと深く根を張っていると感じることができます。私たちは，遺伝的に先祖の一部であると同時に，人類の一部でもあるのです。終結する代わりに続いているもの，つながっているものに目を向けることで，私たちは

孤独ではなくなるのです。

　私の見解では，終結という考え方は，現実にある象徴的なつながりを断ち切り，往々にして残された人たちを傷つけてしまいます。バーンズは息子を死産した後，周囲の人々から悲しみから立ち直るよう促されたり，あるいはもうすでに立ち直っていたかのように思われていた，と述べています [5]。そのとき初めて，彼女は「終結」という言葉と，この言葉を利用して商品や政策を売り込む企業や政治家を警戒するようになりました [5]。しかし，人を傷つける言葉であるにもかかわらず，多くの人が今なおこの言葉を使っています。死亡診断書という「証明」があっても，大切な人の死について終結したとは思えない人がいるのです。

　たとえば，今日でも多くの黒人が殺害されるなか，裁判官が犯人に対してその黒人の遺族の満足のいく判決を下せば，遺族の思いは終結するだろうと言われてしまいます。でも，それは幻想です。もちろん裁判や法律上の終結はあります。しかし，家族と失った人との関係性に対する終結はないのです。よく終結のためには正義が必要だと言う人がいますが，このような使い方は正しくはありません。私が思うに，彼らが本当に望み，彼らの思いが報われることとは，他の家族が同じ苦しみを味わうことが二度とないように，制度を確実に変えるための正義です。亡くなった人を記憶から閉め出すことが，彼らの目指しているものではありません。

▨ ■ ▨

　この喪失と変化が起こっている時期において，ほかの多くの喪失についてはどうでしょうか。店を失った床屋は，パンデミックが終われば，その喪失に区切りをつけることができるのでしょうか。私はそうは思えません。ウイルスによって家族を失った世界中の何百万人もの人々は，ウイルスを制御できるようになったら，終結を見出すのでしょうか。私はそれも疑わしいと思いますし，誰にもそれを待つように勧めはしません。それよ

りも，私たちは歴史上におけるこの忌わしいときが過ぎた後の，人生の意義と目的を探すべきです。

　私にとって，今回新しく意味を見出したことの一つは，ウィスコンシン州で小作農民だった私たちスイス人移民の家族が，大恐慌の間に自分たちの力だけでやっていくことができたのは，白人であるという特権のおかげだったと，より深く理解できるようになったことです。私の家族は貧しくて，ひどく訛りがありましたが，それでも私には夢が実現するより多くのチャンスがありました。私はまた，ぎりぎりの生活をしている人たちについても，もっと学ぶ必要があります。私もかつてはぎりぎりの生活だったこともありますが，最近，困窮している人がどのくらいいるかという数字には注意を払っていませんでした。また，私はこれまで何度もスピード違反の切符を切られ，ときには警察官に言い返したこともありましたが，白人の持つ特権，そしていまだに警察が黒人に対する不当な扱いを行っていることについて，今一度，自分を教育しなければならないと思っています。人生の黄昏時に入った私は，このパンデミックによって，医療や住まい，食料の入手に関する格差，そして教育，雇用，住宅，ひいては所得を得る機会について，改めて大きな気づきがありました。この感染流行が，周りで起こっていることすべてをじっくりと見たり，聞いたりする機会をもたらしてくれたおかげで，これまで未発達だった気づきが，私の中で目覚めたのだと思います。

　何百万人もの人々がコロナウイルスに感染し，病気になったり死亡したりしています[8]。この恐ろしい時期を終結させようとするのではなく，失ったものの大きさと向き合い，悲しみ，悲しんでいる人たちを支え，そして制度的な変化をもたらすための方法を，見つけようではありませんか。

　このコロナ禍の間に，大切な人やものを失って悲しんでいるすべての人に，こうお伝えしておきましょう。あなたが失ったものは，何かを終わらせるための機会ではないのです。あなたが失ったのは，死の床にいる愛す

る人と一緒にいる機会であり，お別れを言う機会，やり残したことを終わらせる機会，許してください，そして許しますと言う機会，「愛している」と言い，愛する人の最期のときにその手に触れる，もしかしたら可能だったかもしれないそういった機会や時間を失ったのです。あなたが必要としているのは，終結し，終わりにしてしまうことではなく，あなたの愛する人が亡くなったことや，なぜあなたがその人たちをそばで慰めることができなかったのかを理解し，人生の最後の瞬間まであなたを愛し，あなたを許していたことを確かめることなのです。これらの確信がなければ，あなたの心にはもやもやした思いが残るかもしれませんが，それが喪失の本質なのです。喪失の終わりは，すべてがうまくいっていると思えるときでさえも，完璧ではないのです。

　失ったものが人間であっても，ものであっても，喪失が明確であっても，あいまいであっても，私たちはこのパンデミックを忘れることはないでしょう。同窓会のたびに，卒業式ができなかった子どもたちはコロナ禍を思い出し，医療従事者は亡くなった患者を忘れることはなく，ビジネス関係者は失った顧客とお金を思い出し，従業員は失った仕事と収入を思い出し，親は子どもがそれまでのように学校で他の子らと一緒に学ぶのではなく，家庭で学習せざるをえなくなったことによる喪失を思い出すことがあるでしょう。パンデミックの最中にやってきた恐ろしいハリケーンや洪水や山火事のせいで，家までも失った人がいます。この最悪の時代をなかったことにするような終結は，これからもないでしょう。それは，私たちすべての人に痕跡を残し，大恐慌や第二次世界大戦のように，ひとつの時代を形成することになると思います。

# 第3章
## 未解決の喪失である「人種差別」
### *Racism as Unresolved Loss*

> 私が見ていたものを，全世界の人たちも見る必要があったのです。
> このようなことが，沈黙のうちにあまりにも多く起こっているのです。
> ——ダーネラ・フレイジャー

　私は家族療法家として，常に家族システム[†1]全体に関心を持ってきました。私が最初に行ったあいまいな喪失の研究は，軍人の夫婦に焦点を当てたものでした。一人が行方不明となり，もう一人は取り残された，そのようなカップルでした。研究のために，私は戦闘中の行方不明者（MIA）[†2]に分類されたパイロットの妻たちにインタビューを行いました。しかし，彼女たちに対する心理療法のときには，その人個人ではなく，家族全体に関わるという視点を持ち，妻たちに，「家族について考えるとき，自分の家族には誰と誰がいますか」という質問を投げかけました。私は，妻たち自身で誰が自分の家族なのかを確認してほしかったのです。そうすることで，自分たちを親身に支えてくれる人々を，妻たちがセラピーに連れてくることができるからです。その人は，親族であったり，近所の人や友人で

---

†1（訳注）　家族システムとは，家族は一つの意味のある有機的なまとまりであると捉える視点であり，家族システム論の基幹を成す概念。文化人類学者ベイトソンや生物学者ベルタランフィらによる影響を受けて，初期の家族システム論は形成された。
†2　MIA は missing in action の略称で，戦闘中または休戦中に行方不明になった戦闘員，衛生兵，従軍牧師，捕虜などを指す。

あったり，ときには教会の牧師であったりしました。アルツハイマー病の
退役軍人の家族であれ，2001 年のニューヨーク同時多発テロで行方不明
になった労働者の家族であれ，私のセラピーを受けにくる人々であれ，つ
ながりを持っている人々を含めたシステム全体を見るという視点を活用す
ることが，その人たちにとって有益であり，支えとなることが分かりまし
た。愛する人が行方不明になっている人たちにとっては，セラピーを終え
たあとに，一緒に家に帰ってくれる誰かが必要だったからです。家族療法
家が使うもう一つのツールは，原家族のワーク[†3]です [1)-3)]。コーピング，
レジリエンス，そしてトラウマのパターンは，世代を超えて見られます。
そのため，家族が持つトラウマやレジリエンスのパターンを前の世代まで
さかのぼることが，セラピーを行ううえで有益です。そうすることで，
人々は自分の家族の歴史をより深く理解し，現在の喪失に対してより効果
的に対処することができるようになる可能性があります。

　今日，アメリカ合衆国という私たちの家族において，今も昔も人種差別
に代表されるような，人種に対する不正義によって生じた未解決な喪失
が，依然として残っています。南北戦争，大量虐殺，黒人の奴隷制度など
による死者・行方不明者の歴史を顧みるとき，私たちはまさに「今なお苦
しんでいる社会」であると言えます [4)]。同時に私たちのこの国は，愛する
人が行方不明になったり，姿を消したりした家族の悲しみやトラウマが，
凍りついた国でもあるのです。あいまいな喪失から生まれ出た怒りや悲嘆
をいまだに引きずっている国なのです。今こそ真に向き合い，熟考すると
きです [5)-7)]。

　アメリカ合衆国ではアフリカ系アメリカ人の奴隷制度によって，またア
メリカ先住民の大量虐殺，略奪，そして先住民の子どもを収容した学校に
よって，家族は残酷なまでに引き離され，互いに引き裂かれてきました。

---

†3　原家族とは，自分が生まれ育った家族（親やきょうだいなど）のことを指し，「原家
　　族のワーク」は，家族療法において，その家族のなかで見聞きしてきた信念，関係のと
　　り方等が自分自身にどう影響を及ぼしているかについて，振り返る作業のことをいう。

家族関係は崩壊し，父方の家系は分からなくなってしまうことが多く，子どもが母親から引き離されて売り飛ばされたり，結婚を望むカップルが競売所で別れ別れとなりました。奴隷制度によって，家庭生活を営む権利は失われました。このような混乱したあいまいな喪失の歴史を前にするとき，私たちの社会が終結という分かりやすい問題の終わらせ方を重んじるのも無理はありません。

　もちろんこれらの問題が，終結することは決してありませんでした。奴隷制の子孫である世代はその歴史を忘れたことはなく，南北戦争で起きた喪失でさえ，真に終結することはなかったのです。

　新型コロナウイルスによるパンデミックと，それによって引き起こされた多くの死という問題に加えて，ちょうど同時期に，私たちの多くにとって構造的な人種差別がより明らかになりました。まず，2020 年 5 月 25 日のジョージ・フロイドの殺人事件があり，次に彼の死のビデオが世界中を駆け巡り，「ブラック・ライブズ・マター」[4]と叫ぶ人々のデモ行進があり，暴動も起こりました。そして 2021 年 1 月 6 日，大統領の不誠実な対応によって火がついた，何千人もの白人至上主義者たちが首都を襲い，南北戦争時代の南部連合の旗を掲げながら議事堂に突入し，議員を殺すと脅迫し，その結果，死者が出る騒乱となったのです。この様子をテレビで見て，私は言葉を失いました。白人至上主義が今日の我が国においても大きな脅威であることを，かつてないほどはっきりと目の当たりにしたからです。その結果，黒人だけでなくすべての有色人種が苦しんできたストレスやトラウマが，今なお続いていると知りました[*1]。私たち全員がその問題に気づかない限り，アメリカが一つの家族として，癒されることはありません。奴隷制度がもたらした恐ろしい喪失による黒人たちの深い心の傷を認めるには，まずこれまでを振り返り，問題を理解する必要があります。そのようにしてはじめて，新たな変化や構造的な解決策に目を向けること

[4]　黒人に対する暴力や構造的な人種差別の撤廃を訴える，国際的な社会運動の総称。「黒人の命は大切だ」と訳されることもある。

ができるのです。

　歴史的には多くの人が愛する人の不当な死を目の当たりにしてきましたが，私はここで，はっきりしないまま残されている目が向けられていない喪失に，焦点を当てることにします。奴隷制度がもたらしたあいまいな喪失とはいったい何だったのでしょうか。誘拐され家族や故郷から引き離された黒人は，奴隷船につながれ，競売にかけられ，生涯にわたり残酷な束縛を受け，結婚や家族を持つことは許されませんでした。それは，自分の人生を生き，自分や愛する人の命や体を守り，主体的に生き，自尊心を持つこと，そういったすべてを失うことでした。これらは実際は死に直結するようなものではありませんでしたが，非常に大きなトラウマとなる喪失体験となりました。女性は妊娠中にレイプされ，深い心の傷に苦しみました。子どもたちは母親から引き離され，競売場で売られ，家族は意図的に引き離されました。このような恐ろしい喪失体験に，終結などあるはずもありません。また，終結すべきでもありません。これらの痛みや苦しみは，今日，彼らの子孫の身体と心の中に記憶されているだけでなく，そのような家族の歴史がない私たちにとっても，本や映画，*Finding Your Roots*[†5]のような番組を通して共有されています。それらの中では家族の

*1（原注）　現在，「（他の人種と比べると）非常に多くのアフリカ系アメリカ人の若者が，困難のある幼少期を過ごし」，また，親の投獄や麻薬使用，離婚などからくるあいまいな喪失を経験していながら，一方で「多くの若者は，人種差別に直面しながらも何とか人生を切り抜けている」のである。黒人の研究者は，「あいまいな喪失理論は，親の行動に起因する関係性の喪失や安定感の欠如，社会的な認知を得られないというストレスに満ちた経験を理解するための，概念的枠組みを提供している」とし，若者がこれらのあいまいな喪失に対処するためには，調査研究に基づく介入が必要であるとしている。その結果，あいまいな喪失を経験したアフリカ系アメリカ人の若い女性たちのために，終結よりも喪失後の回復力と対処能力の促進を目的とした心理教育的グループが形成されている（Brown & Coker, 2019）。これは，私たちがニューヨークで 9 月 11 日に起こった同時多発テロ事件後に，犠牲者である労働組合員の残された家族のために行った介入（Boss et al., 2003），そして，東日本大震災で被災した日本の家族のために行った支援（Boss & Ishii, 2015），また，東ヨーロッパやメキシコや，赤十字国際委員会などが，世界中であいまいな喪失からくるストレスを経験している家族に対して行ってきた支援（ICRC, 2013）を反映している。

苦しみだけでなく，家族が持つレジリエンスのパターンも描かれています*2。

奴隷であった経験を持ち，心に傷を負うような人生を生き延びたあと，カナダに逃れ，新聞記者になったヘンリー・ビブは，自分のことをこのように話しています。

　私は母から引き離され，8〜10年の間，さまざまな雇い主のもとで酷使されました。私の給料はすべて，遊び相手だったハリエット・ホワイトの教育費に使われました。そのときから私の悲しみと苦しみが始まりました。そのときはじめて，私は自分が哀れな奴隷であり，労働に対する賃金も払われず，裸を覆い隠す十分な服もなく，鞭の下で働くしかない身分であると知り始めたのです。朝早くから夜遅くまで，来る日も来る日も，十分食べることもできないまま，働きました。一日中働いて疲れた体を休める場所がなかったので，夜には，汚い床の上やベンチの上に，何の覆いもなしに，疲れた手足を寝かせて休んだこともしばしばあります。また，私は幼い頃，暴君のような主人の命令で，暑い日も寒い日も，湿度が高い日も乾ききった日も，あらゆる天候の中を，履く靴もなく，12月の凍りついた地面を素足で，足はひび割れ，血を流しながら歩かねばなりませんでした。読者の皆さん，どうぞ私が言うことを信じてください。どんな言葉も，どんなペンも，アメリカの奴隷制度の恐ろしさを真に表現し得たことなどありませんし，もともと表現などできるものではないのです。自分の過去の人生を思うとき，この私の魂の奥底にある深い感情を真に表現する言葉を見つけられず，胸が締めつけられるようです[8]。

†5　その人の家族の歴史やルーツを，その人に代わって取材しまとめた米国のドキュメンタリー番組。
*2　歴史家のヘンリー・ルイス・ゲイツ・ジュニアが司会を務め，系図学者とともに著名人の家系をたどる『PBS』のシリーズ。

　母親を失い，基本的な衣食住といった面で母親の養育を受けることができず，重労働に追われた幼少期を過ごさなければならなかった若きヘンリーは，早くからあいまいな喪失によるストレスとトラウマを抱えて生きてきたのでした。このような歴史的なトラウマは，今日もまだ黒人家族に影響を与えているのでしょうか。幸いにも，研究者たちが今，この問いに答えようとしています。

## ■トラウマの世代間継承

　自分のルーツや起源に興味を持つ人々は，コーピングやレジリエンスのパターンは，子どもの養育やその過程で身につけたものを通じ，世代を超えて受け継がれるように感じてきましたが，今日では，トラウマは世代を超えて実際に継承されるのだ，という科学的な証拠が増えつつあります。しかし，それがどのように起こるかについては，さまざまな見解があります[*3]。これは生物学的なプロセスなのでしょうか[9]，それとも社会的なプロセスによって起こるのでしょうか[7,10]。生まれ持ったものなのでしょうか，それとも環境によるものでしょうか。おそらく，その両方でしょう。

　生物学的な側面からみれば，トラウマの影響がどのように継承されるかについては，エピジェネティクス[†6]において重要な関心事となっています[9,13]。ホロコーストの母親とその子どもに関する過去の研究から，トラウマの影響が母から子へと受け継がれることが分かっており[*4,14]，臨床家で研究者でもあるベッセル・ヴァン・デア・コークも，過去のトラウ

---

[*3]　エピジェネティクスの研究者は，記憶と学習に基づいて，人種差別がアフリカ系アメリカ人の身体的健康やその子孫の健康に有害な影響を与えることを見出している。一方，それは学習された行動であると言う人もいる。

[†6]　遺伝子そのものの変化ではなく，環境の働きかけにより，ある遺伝子の発現が制御される仕組みを指す。近年の研究では，先天性疾患，発達障害を含む精神疾患や2型糖尿病などの発症に，エピジェネティクスが関わっていることが指摘されている。

マが私たちの身体に影響を及ぼすことを発見しています[15]。このような生物学的な変化が，世代を超えてアフリカ系アメリカ人に同じように影響を与えているかどうかについての研究が，現在行われています。

　一方，より社会心理学的な観点から，ジョイ・デグルーは心的外傷後奴隷症候群（post-traumatic slave syndrome）[†7]という理論を提唱しています[*5,7]。実際，老若男女を問わず有色人種の多くが，繰り返しトラウマ的な喪失やストレスを経験しています。ここで，「心的外傷後ストレス障害（post-traumatic stress disorder：PTSD）」という用語の本来の意味について，いくつか注意点を述べたいと思います。第一に，「後（post −）」という語は，今日もなお黒人の生活にトラウマを与えている継続的な喪失体験を，否定するような表現となり得ます。彼らにとっては，単に「心的外傷を過去に受けた」というだけでなく，その喪失感は現在も進行形なのです。第二に，私は，外的な脅威によってトラウマを受けた人々に対して，「障害」や「症候群」といった精神疾患に用いられる語を使用することに，慎重であるべきだと考えます[*6]。ほとんどの黒人は，精神的な健康が欠落していたわけではなく，実際，彼らは極めて高いレジリエンスを備えていました。彼らは奴隷として捕まることを自ら選んだわけではなく，自由を放棄して他者に服従することを選んだわけでもないのです。選ぶことは特権的な行為であり，自分の意思とは関係なく主従関係において強制的に働かされ，レイプされ，傷つけられ，捕らえられ，虐待されたような

---

*4　トラウマとその世代間継承について研究者たちは，ホロコーストの生存者が，他とは異なる子どもの育て方をする傾向があることを見出した。子どもたちにはトラウマ体験を秘密にする一方，子どもたちのほうでは，親が何かを隠していることを感じ取りながら育つという状況である（Dashorst et al., 2019）。

*5　ネイティブアメリカンが「魂の傷」と呼ぶもの（Duran, 2006）は，世代を超えて受け継がれるエピジェネティックな傷でもあるのだろう。

*6　退役軍人の多くはそれを自分の障害と見なさないため，「PTSD」ではなく「PTS」という言葉を好む（Boss & Ishii, 2015; Braga et al., 2012; Crist, 2017; DeAngelis, 2019; Kazan, 2018）。

†7　迫害を受けた黒人が，PTSD（心的外傷後ストレス障害）に類似した症状を呈することから，ジョイ・デグルー博士が症候群として命名した用語。

人々には，持つことのできない権利でした。

　他のさまざまなあいまいな喪失と同様に，トラウマの原因は，その人の精神的な問題ではなく，その人を取り巻く外的文脈†8によって生じます。PTSD などの用語を使うことにより，社会がすべきこと以上に，黒人自身が変わることを期待していることを示唆する結果となります。トラウマの世代間継承は事実であるとしても，精神医学的用語を使うことは，意図せずして被害者を非難することにつながるかもしれません。

　願わくば，現代の科学者や学者たちが，喪失やトラウマの問題だけでなく，レジリエンスの世代間継承についても研究してくれることを願っています。レジリエンスは今日も存在し，過去にも存在しました。以前奴隷であったヘンリー・ビブは，次のように自分のサバイバルストーリーを続けています。

　　私は鞭で打たれたり，着る物や食べ物がないことに大変苦しみましたが，多くの家族の手を通して継承してきたことに，何一つ不利なものはありませんでした。家族とは，私の精神を照してくれる情報の源で，私の精神は，私が他の人々から見聞きするもので構成されていました。奴隷には本やペン，インク，紙など，自分の精神を向上させるようなものを持つことは許されていませんでした。しかし，今になって思えば，私は特に観察力が鋭く，観察したことをよく覚えていたように思います。なかでも，奴隷の自由と解放について聞いたことは，決して忘れることができませんでした。そしてさまざまな取り引きのなかで，私は逃亡術を完璧に学びました。私は繰り返しそれを試み，奴隷の束縛を解いて，モノとしてではなく，人間として扱われるカナダに無事に上陸するまで，決してあきらめませんでした[8]。

---

†8　英語の context の日本語訳。ここでは，家族が体験してきた出来事やストレスなどの歴史や背景を指している。

　多くのアフリカ系アメリカ人は，自分たちの先祖がそうであったように，神への信仰，希望と克服の歌，祈り，コミュニティ，大家族を大切にする価値観などを通して，強さとレジリエンスを今も見出し続けています。それは，ヘンリー・ビブのように，忍耐力，知性，取引を学ぶことにも通じます。トラウマとなるような喪失体験は今日でも起こりますが，私たちはレジリエンスも見つけ出すことができます。よく目を凝らして探そうとすれば。

## ■世界中で見られる人種差別

　2020年のメモリアルデイに，ミネアポリスに住む17歳のダーネラ・フレイジャーは，9歳のいとこを近所の食料品店に連れて行った際，近所によくいる背の高い黒人男性と警官数人が取っ組み合いをしているのを目撃しました。彼の名はジョージ・フロイド。それを見た彼女は，携帯電話を取り出して録画を始めました。歩道に倒され，白人の警官の膝は彼の首筋に当たっていました。ダーネラは，その警官から3メートルほどしか離れておらず，警官は彼女をにらみつけていましたが，彼女は録画を続けました。何度も何度も，フロイドは「息ができない」と言いました。彼女は，警察官が聞こえていることを確かめるために「息ができないと言っている」と繰り返しました。周りの人々は警官に，息をさせてやれ，と叫んでいました。ほとんど聞き取れないような声で，ジョージ・フロイドは，「ママ，ママ，ママ」と訴えていました。数分後，彼は静かになりました。彼は死んだのです。警官の膝は9分以上も彼の首に当たっていました[16),17)]。

　この勇気ある若きダーネラの録画は世界中で見られ，私を含む何百万人もの人々の目を開かせました[*7]。私はそれまで，黒人に対する不当な殺害が今日でも驚くべき頻度で起こっていることを，はっきりとは見ていなかったのです。黒人の命は常に重要視されてきたわけではありません。し

かし，重要視されなければなりません。私たちの国が抱える未解決の喪失という遺産から，目を逸らしてはならないのです。直面するのはつらいことですが，過去のものであれ，現在のものであれ，トラウマによる喪失を見てみぬふりをすることは，現状を直視し理解することを妨げてしまい，そのことは私たちが癒され，前へ進むのを遅らせることにつながります。問題から目を逸らすことは，解決策にはなりません。私たちが問題をより明確に見つめることによって変化に取り組むことができ，そのようにしてはじめて，家族としての私たちの国は，癒される方向に向かいます。

## ■私の初期学習

　私は黒人の体験に関する専門家ではなく，学習者です。家族療法の同僚であるエレイン・ピンダーヒューズは，歴史的な背景が人間の成長に大きな影響を与えることを，はじめて私に教えてくれた一人です*8, 10)。たとえば，愛情深く世話をされる代わりにトラウマ的体験を受けると，その子どもだけでなく，子どもの子孫にも影響が及ぶことがあります。彼女によれば，奴隷制度以来，継続的な喪失と繰り返されるトラウマが，米国におけるアフリカ系アメリカ人の体験の一部となってきました。家族療法の専門家である彼女は，「400年もの間，人種差別という歴史に囚われた結果」黒人が被った喪失体験は，「『惨事』としか言いようがない」と書いてい

---

*7　2020年12月，ジョージ・フロイドの死を携帯電話で記録したことで，ダーネラ・フレージャーはPEN Americaから名誉あるBenenson Courage Awardを授与され，彼女はとても驚いていた。授賞式はオンライン上で行われ，オスカー受賞監督スパイク・リーから彼女に贈られた（Walsh, 2021）。そして2021年6月，ダーネラはその録画に対してピューリッツァー委員会からも特別表彰を受けた（Hernandez, 2021）。

*8　エレイン・ピンダーヒューズの「喪失とトラウマの多世代間継承：アフリカ系アメリカ人の体験」と題された章は，ウォルシュとマゴールドリックの書籍（Walsh & McGoldrick, 2004）の中に納められている。彼女は，奴隷時代から現在に至るまでの黒人家族が持つトラウマの世代間継承について記したパイオニアであり，そこには先見の明と力強さがある。

す[13]。40年以上前，彼女はリンチ，暴動，殺人，白人至上主義による脅しや迫害の行為の影響について書き，その結果として黒人に生じる精神的な麻痺と絶望感は，次に何が起ころうとも適応していけるような人間の能力を制限してしまうものだった，と述べました。つまり，アフリカ系アメリカ人がこのような生活を強要された状況は，将来の世代に影響を及ぼしているということです[11]。

奴隷制度後の状況も，決して良いものではありませんでした。南北戦争後の復興期に起きた不当な出来事，北部への移住に伴う家族の喪失，テクノロジーの進歩による非工業化[†9]などがありました[18]。継続する不平等により，黒人家族は貧困にあえぎ，雇用においては黒人よりも白人の移民が優先されたため，黒人労働者の貧困は世代を超えて拡大していきました。1960～80年代にかけて，北部の工場ではブルーカラーの仕事が安定していましたが，人種的不平等は依然として存在し，これらの工場の仕事はやがてテクノロジーに取って代わられ，多くの黒人家庭を崩壊させることになりました[19]。

エレイン・ピンダーヒューズが最後に述べた次のような言葉は，私にとって忘れられないものであり，また，今日においても強調されるべきことです。「このような長い年月にわたる脆弱性に苦しむ人々に対し，その原因を取り除くかわりに，薬を処方したりセラピーを施すのみであれば，これは非倫理的な行いであり，無責任である。言い換えるならば，白人であるアメリカ人は，長年の人種差別から得て来た恩恵を，手放さなければならないのだ」[12]。

耳に痛い言葉です。しかし，私たちがより公平で，思いやりのある一つの家族になるために，このような構造的な人種差別をどのように終わらせるかについて，私たちには学ぶべきことはまだたくさんあるのです。

---

†9　テクノロジーの進歩の結果起きた労働者の雇用喪失，収入格差の増大などを指す。

第 **4** 章

# レジリエンス
## ──あいまいな喪失に直面したときに 最たる希望となるもの

*Resilience: Our Best Hope in the Face of Ambiguous Loss*

成功の数で，私を判断しないでください。

何回転んで，何回起き上がったかで私を判断してください。

──ネルソン・マンデラ

　2001 年 9 月 11 日，ニューヨークの世界貿易センタービルで起きた同時多発テロの後，現場近くにたった 1 本の木が残されました。壊滅的な被害を受けたこの木は現在，9.11 メモリアルの敷地にある「生存者の木」として繁茂しています*1。ワシントン DC の国立樹木園には，1976 年に日本から寄贈された，樹齢 390 年のキノコ型の木があります。この盆栽のような古木は，第二次世界大戦中の広島の原爆投下にも耐え抜いたという驚くべき生命力を持ち，レジリエンスのシンボルのような存在です[1]。私は，日本で起きた 2011 年 3 月 11 日の津波のあと，同じように，岩手県の海岸で 1 本の木が残っているのを見ました。津波に耐えたこの木を，人々はレ

---

*1（原注）　この木は瓦礫の中から救い出され，公園・レクリエーション管理局によって手入れが続けられた。2010 年に，現在，9.11 メモリアル公園と呼ばれるその跡地に植え替えられた。その木は，痛めつけられた幹から滑らかな木肌の新しい枝を伸ばし，この木の過去のトラウマと新しい成長の両方を示している。現在，ニューヨークの 9.11 メモリアル公園のその木は，レジリエンス，生存，そして再生のシンボルとなっている。詳しくは，"The Survivor Tree," 9/11 Memorial and Museum, https://www.911 memorial.org/visit/memorial/survivor-tree を参照。

ジリエンスの象徴と考えました。どんな困難にも，巨大な力にも負けずに生き残ったこれらの木は，日米を問わず人々にとってレジリエンスのシンボルとなってきました。生き残った木は，人々に希望を与えます。

　人間のレジリエンスは，比喩的にも，木が生き延びる姿と似ています。もし私たちが大きなストレスやトラウマの猛攻撃を生き延び，柔軟性を保ち，立ち直ることができたなら，私たちもそのような破壊的な圧力のあとにも，強く成長することができるのです。私たちは，ただ生き残るだけでなく，困難をかいくぐるなかで強さを獲得していくことができます。

　レジリエンスとは，プレッシャーに直面しても，壊れることなく柔軟に対応できる能力，と定義されます。レジリエンスのある人は，ストレスを受けても，そのストレスが起こる前よりもさらに高い機能を獲得して，柔軟に立ち直ることができるのです。これは，ストレスを経験することで何かを学び，より強くなっていくという仮説です[2]。私は仕事を通じて，レジリエンスのある個人，家族，地域社会に出会ってきました。

　レジリエンスは価値あるものですが，一方でその注意点も明らかにしておく必要があります。

1. 人々がどのようにレジリエンスを定義し，獲得するかは，人種や文化によって違いがあります。ソーシャルワーカーのホリングワースは，「レジリエンスとは，逆境の中にあっても生き抜き繁栄していくことである，と定義すると，黒人の家庭には確かにその証が見られる」と書いています[3]。私もそう思います。人種差別，偏見，抑圧を経験してきたことを考えれば，彼らはレジリエンスに優れた人々なのです。

2. レジリエンスに焦点を当てすぎると，トラウマを引き起こしている問題，たとえば，貧困，人種差別，虐待，戦争，レイプ，ホームレス，誘拐，女性であるために殺害される犯罪などを防止したり，解決したりする必要性に目をつぶることになるかもしれません。

3. 問題を引き起こしている苦痛を容易に避けられない場合に，レジリエンスに焦点を当てることは合理的なことです。実際，レジリエンスに関する最初の研究は，ハワイの貧しいホームレスの子どもたちを対象に行われたものでしたが，ホームレスや貧困は避けようがない問題ではありません。それらは改善することができるのです*2,4),5)。

4. レジリエンスを高めることが，常に正しい答えであるとはかぎりません。しかし，すぐに解決できない問題には，特に必要なことなのです。その問題は生涯にわたって続く可能性があります。一例として，あいまいな喪失が挙げられます。長期にわたってあいまいな喪失を経験したときには，レジリエンスは，柔軟性よりも必要で，しかも以前より高いレベルで必要となります。なぜなら，あいまいな喪失では，あいまいさに耐えることが必要となるからです。たとえば，大災害が引き起こすストレスの中で確実な答えをすぐに求める人々は，柔軟性を失って脆弱になりやすく，そのため，あの「生存者の木」とは異なり，あきらめたり，折れたりしやすい可能性が高くなるかもしれません。

5. 家族や地域社会は，レジリエンスの源であると同時に，レジリエンスを阻害する要因にもなり得ます 6)-10)。支持的で養育的な家族はレジリエンスを育むのに理想的ですが，家族成員を無視したり虐待する家族は，それが難しくなります。たとえば，状況によっては，レジリエンスを持ちながら虐待され続けるより，抵抗するほうがよい場合もあります。もし，手段や代弁してくれる人がほとんどいない場合は，ただおとなしく従って，あきらめるしかない場合もあります。このような人たちは，常に屈服し，状況に適応するしかない人々です。氾濫する危険の高い川の近くに住んでいたり，子どもの健康を損なうような劣悪な住宅に住んでいる人々が実際にいるのです。このような理由

---

*2　心理学者の ノーマン・ガメジー（Garmezy, 1983）は，子どものレジリエンスの研究のパイオニアで，初期にはこれを「コンピテンス」と呼んだ。

から，私たちは，レジリエンスは困難に出会ったり，何かが不足して
いるときにその状況に適応していくための手段であり，体系的な解決
策ではないと考えるべきです。パンデミックのときには，感染症の危
険を避けることはできませんが，その危険を最小限に抑えることはで
きます。マスクをすることもできます。レジリエンスのある人々は，
状況に適応することができる人なのです。

パンデミックの間，死者の数が急増し，あいまいな喪失も加わるなかで
最もトラウマとなったのは，死にゆく大切な人に別れを告げることができ
なかったことです。また，救急隊員や医療従事者であれば，自分が家族に
ウイルスを持ち帰るのではないかという不安から，安心感を失ったことで
しょう。さらに，誕生日，卒業式，結婚式，葬式といった人生の節目とな
る習慣や儀式も，パンデミックによって失われ，これらすべてがパンデ
ミックにおけるあいまいな喪失と言えます。ウイルスが猛威をふるい，さ
らに変異していくなかで，生活は大きく変化していきました。その不確実
性に加え，経済的・政治的緊張が私たちに無力感や絶望感を引き起こし，
今なお不安や悲しみ，憂鬱な気持ちが蔓延しています。この文章を書いて
いる時点ではまだ事態は収束していないので，私たちが日常生活を送るた
めには，まだまだレジリエンスが必要です。さて，ここに，私たちに希望
を与えてくれる良い情報があります。

1. レジリエンスは，私たちが思っている以上に一般的なものです[6),7)]。
   ほとんどの人は困難に対処するため，自身で適応していこうとする能
   力を持っています[11),12)]。これは早い時期に対処法を教えられたなら
   ば，子どもでも可能となります。
2. レジリエンスの獲得に至る道筋は複数あり，なかには思いもよらな
   いものもあります[6),7),13)-15)]。性別や年齢によるだけでなく，人種，
   宗教的信念，文化の影響を受けて，対処スキルには非常に多様性があ

ります。

3.　子どもの場合，レジリエンスは「ordinary magic（子どもが生来持っ
ている魔法のような回復力）」[†1]と呼ばれることがあります。子どもは
柔軟性を自然に備えており，「大きなチャレンジ」を伴うストレスの
ある状況への適応に優れています[16)-18)]。あいまいな喪失というスト
レスを受けても，力強く育ち，りっぱな大人になっていく子どもたち
を知っています。子どもは大人よりも適応力が高い傾向があるため，
トラウマを抱えた親がいたり，親同士がよく喧嘩をする場合，助けが
必要なのは子どものほうだと思わずに，自分自身のためにも援助を求
めるように親たちに勧めています。スウェーデンでは，逆境に負けず
に成長する子どもたちを「タンポポのような子どもたち（dandelion
children）」と呼びます。「タンポポのような子ども」は厳しい環境で
も生き延び，成長する能力を持ち，一方で，「ランの花のような子ど
も（orchid child）」が花開くには，より多くの世話を必要としま
す[19)]。

4.　最後にお伝えしたい良い情報は，私たちは多くの方法でレジリエン
スを高めることができるということです。たとえば，子どもたちに食
べさせたり，仕事をやりくりしたり，請求書の支払いをしたり，食卓
に食べ物を並べたり，整理整頓したりといった日常生活のこまごまし
たことを行うことでも，レジリエンスを高めることができます。とき
には危機的な状況に陥ることもありますが，それが私たちの健康に重
篤な害を及ぼさないのであれば，逆に私たちを強くすることもあるの
です。肝心なことは，日常生活の問題に取り組むことで，ストレスに
対処するレジリエンスを高めることができるということです[2)]。この
ことは，子どもたちが自分で問題を解決しようとするのをいつも助け

---

†1(訳注)　マステンが著書 *Ordinary Magic* の中で，貧困，慢性的な家庭問題，トラウマに
なるような出来事を経験しても，レジリエンスによって人が成長し，適応することがで
きる，その保護的要因として重視した概念。

てはいけない，という理由にもなります。あまりに頻繁に手助けすると，子どもはストレスに対処する方法を学べなくなります。子どもは保護されることも必要ですが，ときには自分で解決できるようにと，子ども自身がレジリエンスを獲得できる機会を与えることも必要なのです*3。

## ■コミュニティのサポートによるレジリエンス

パンデミックの初期，ニューヨークの集中治療室の看護師たちは，自分たちのケアを必要とする患者の多さに圧倒されていました。ウイルス感染者が続々と病院に押し寄せるなか，疲れ果てた看護師は，どうすればこの危機に対処できるだろうかと考えていました。そのとき，ユタ州の看護師と医師たちが，ニューヨークの医師と看護師たちに救援を申し出てくれたのです。それは何としても欲しかった援助でしたが，ニューヨークのある看護師は，実際，はるばる大陸を横断して，新型コロナウイルスの感染にさらされる危険を冒してまで来てくれる人々がいることに驚きました。「その献身的な行為に触れて，私たちは孤独でないことに気づきました。それは，私たちが渇望していた大きなサポートを与えてくれたのです」[20]。それから数カ月後，ウイルスがはるか西部で急増したとき，このニューヨークの看護師は，仲間と共にユタ州へ救援のために向かったのでした。

これは，コミュニティのサポートが，疲れ切った看護師や医師のレジリエンスを高めてくれた例です。自分のことを心配してくれる人がいること，そして危機的状況に直面しているのは自分だけではないことに気づく

---

*3　しかし，たとえば移民の子どもたちや，貧困，虐待，ネグレクト，飢餓，戦争など，自分たちだけで対処しなければならないことがあまりにも多い子どもたちは，この限りではない。彼らは危険にさらされていることもある。こうした子どもたちの多くは，驚くべきレジリエンスを示すかもしれないが，どんな子どもも常に自分自身で対処しなければならないと考えるべきではない。

ことは，その状況の中で歩み続けるのに必要な力を与えてくれるのです。ほっと息をついてみましょう。今，手を差し伸べてくれる人がいます。だから，あきらめずに進んでいきましょう。

　地域の支援団体が，あなたにとって家族のように感じられることもあるかもしれません。長く一緒に仕事をしてきた職場の仲間，スポーツチーム，退役軍人会，隣人，宗教団体などは，特にそう感じられるでしょう。危機の真っただ中にいるときも，そこから回復するときも，私たちは地域にいるそのような人たちを頼りにしています。しかし，私たちのコミュニティには，そのような支援システムを持たない人々が多くいるのです。その人たちは，本当に孤独です。しかし，私たちは今，このパンデミックの最中に，人々が互いに助け合っている姿を目にするようになりました。医療チームだけでなく，教師は教師同士，親は親同士，隣人は隣人同士と，助け合っています。困ったとき，私たちにはコミュニティが特に必要なのです。

## ■心の家族から生まれるレジリエンス

　心の家族†2とは，自分の心の中にいる家族のことです 6)。それは，誰が自分の家族であって誰がそうではないのかという，家族の中に入る人，入らない人について，自分自身が持つ個人的な信念を表しています。そのなかには，ペット，神のような存在，友人，今までに会ったことのない，たとえばご先祖様であったり，または，養子にとっての自分の生みの親，精子提供者である想像上の父親といったものも含まれます。そういった存在は自分にとって，親，祖父母，兄弟，姉妹，叔父，叔母のように感じられる人たちであるかもしれません。これらの人々は，あなたの人生に物理的

---

†2　心の家族（psychological family）とは，血縁による家族かどうかにかかわらず，また，目の前にいる／いない，会うことができる／できない，などにかかわらず，心の通ったつながりを感じる人，生きていくうえで支えになる存在のことを指す。

に存在しているかもしれませんし，していないかもしれません。また，血縁関係があるかもしれませんし，ないかもしれません。その人たちは，あなたの心の中にいつも存在しています。困ったときにも，嬉しいときにも，いつも一緒にいてくれる心の中にいる家族は，いつでも，どこにいても，あなたの支えとすることができるのです。

　心の家族というのはどの文化圏にも何らかの形で存在しますが，そのあり方はさまざまです[21]。アフリカ系アメリカ人においては，歴史的に見ても架空の親族関係と言われるもの（家族のように扱われるが，血縁や結婚による関係がない人）が黒人文化の一部であったため，今でも家族というものを柔軟に捉える傾向があります。奴隷制の時代，親が売り飛ばされたとき，残された子どもたちはコミュニティの他の人たちに面倒を見てもらいましたが，このような機能的に家族として適応していく様子が，今日でも見られます[22]。血縁などの側面よりも，家族というのは，今も昔もお互いを姉や弟と呼び合う絆で結ばれた集団なのです。

　今日私たちは，心理的な絆で結ばれた家族のネットワークも見ることができます。たとえば，軍人家族，外国に住む駐在員家族，ジェンダーや性的指向において少数派の人たちの親族などです[23]。こういった人々は，自分たちが選択した関係に基づいて，家族だと感じられる人を見つけ，集団でお互いをケアし，子どもを育て，お互いを守るのです。

　東洋的な文化では，その感覚は先祖との継続的な絆によって認識されることが多くあります。たとえば，2011年の東日本大震災の津波では，多くの被災者が，流された大切な人をご先祖様が見守ってくれていることに思いを寄せ，慰められました[24]。私の家の近くのタイ出身の家族は，ご先祖様のために，毎日レストランの窓際に新鮮な食べ物を並べています。欧米人も生活の中で，心理的に先祖を守り続けているのかもしれません。私の場合は，先祖が愛した同じ食べ物やレシピを愛し，彼らが愛した音楽を今も聴き続けています。彼らは私のDNAの中に，嬉しいときもつらいときにも，私の記憶の中で共に存在しているのです。

　あなたの心の家族を知るために，大きな円を描いてください。その円の中に，あなたが家族だと思っている人たちを表す簡単な図形を描いてみてください。ご先祖様でも，最近亡くなった人でも，今現在あなたの人生に存在している人でもかまいません。血縁や婚姻関係にある人もいれば，そのような関係がまったくない人もいるかもしれません。心の家族かどうかを判断するよい方法は，卒業式，結婚式，誕生日などの人生の大きなイベントに，物理的にまたは象徴的に，あなたが出席してほしい人は誰かと考えることです。もし，あなたに大切な人や子どもがいるのなら，お互いに描いた家族の絵を見比べてみてください。それぞれに違いがあるでしょう。その違いを認め，受け入れることは大切なことです。特に，離婚や再婚を経験した家族，再婚により血のつながらない子どもや養子のいる家族，それ以外でも，自分たちが選んで家族のようなつながりを持っている人たちにとっては，大切なことです。逆説的ですが，自分にとって家族とは何かという認識の違いを認めることで，より仲良くなれることもあります。結局のところ，私たちは，喪失体験のつらい時期に寄り添える家族がいるならば，自分たちが思っているよりも案外，レジリエンスを発揮して生きることができるのかもしれません。

　今に至るまで，私たちの多くは，数多くの喪失を体験してきました。実際，私もずっと苦闘してきました。どんなに家族が支えてくれても，どんなに自分が頑張っても，依然として解決できない問題に直面してきました。弟のポリオによる死，妹のがん，そして依存症で愛する人を失い，離婚を経験しました。両親，叔父叔母，義理の息子や義理の弟，そして生涯を共にした多くの友を失いました。そうして私はようやく，物事が常に自分の思いどおりになるわけではないことを学びました。これからも，私は愛する人々を失うでしょう。一方で，それ以上に私が学んだことは，何だったのでしょうか。人生はいつも自分の思いどおりになるものではないと学ぶことは，実際，人生に創意工夫をもたらす動機づけとなったのです。私はよりレジリエンスのある人間になりました。

　そして今，私は愛する夫の死に直面しています。夫は新型コロナウイルスが原因ではなく，脳卒中で亡くなりました。私は打ちのめされました。でもきっと，私はまた立ち上がるでしょう。

# 第5章

# 「いる」と「いない」の
## パラドックス[†1]

### *The Paradox of Absence and Presence*

> もう妻ではないと分かるまで10年も待たされるなんて，尋常ではないのです。
>
> ──ジェズ・バターワース『フェリーマン』

　愛する人が目の前から消えることは，状況があいまいなため，壊滅的な喪失感をもたらします。いなくなった人が死んでいるのか，生きているのか，戻ってくるのか，どこにいるのか，あるいは遺骨がどこにあるのか，そこには確かなことは何もありません[1),2)]。

　このような喪失を取り巻くあいまいさは，強い不安や無力感，混乱をもたらします。その結果，極端な方法で対処する人もいます。たとえば，失った人があたかも存在しないかのように心から閉め出したり，あるいはその人を失ったことや，それにまつわるあいまいさを，否定したりするのです。しかし，多くの人はこのような極端な反応をするかわりに，あいまいさに耐え，うまく生きていくことを学びます[1),3)-6)]。

　上記のような複雑化したタイプの喪失体験は，悲しむこと，そして対処することのプロセスを凍結させ，私たち自身や家族を動けなくしてしまいますが，そのような不確かな中でもより穏やかに生きる助けとなるよう

---

†1(訳注)　本書11頁の訳注を参照。

に，考え方を変える方法があります。しかしそのためには，「いる（presence）」と「いない（absence）」のパラドックスを，しっかり汲み取る必要があります。

あいまいな喪失があるところには，矛盾がつきまといます。本章の冒頭の「フェリーマン」に登場する妻は，夫の生死が判明するまで 10 年待ち続けました。この夫は 1960 年代の北アイルランド紛争[*1]の最中に失踪したため，彼女は周囲から妻であると同時に，妻ではない存在と考えられていました。行方不明の夫が沼地に埋められていたことがようやく分かっても，彼女にはまだ答えの出ていない疑問がたくさんあり，葛藤は続きました。彼女の喪失の物語には，終わりがなかったのです。

逆説的ですが，あいまいにいなくなった人のいる家族にとって，疑問の余地のない答えを見つけて喪失を終結させたいという切なる願いが，家族同士の葛藤や，行政機関との対立さえも煽って，苦しみを増大させることがよくあります。確固たる事実がないので，さまざまな説が飛び交い，対立が生じるのです。家族内では，このことが互いに疎外されたような気持ちを生みます。国家規模では，反乱を引き起こすこともあります。

幸いなことに，喪失の悲しみが完全に消えることはなくても，「いる」と「いない」のパラドックスを理解すれば，もっとうまく対処ができます。喪失の現実はきちんと明瞭な結末があるのではなく，複雑な陰影を帯びているのだと知ることが役に立ちます。家族や友人は，いると同時にいないことがあるのです。認知症が進んだり，薬物やアルコールに溺れたりすると，近くに座っている人が認知的にも感情的にもいなくなってしまったと感じることがあります[*2]。また，愛する人が身体的にそこにいない場合でも，私たちの心の中に存在することができます。別の言い方をすれ

---

[*1]（原注）　1968〜98 年にかけての民族紛争。

[*2]　ある詩人が，心理的に不在の配偶者，この場合はアルコール依存症によるものだったが，その夫についてこのように書いている。「彼は私のテーブルで食事している間，どこかサファリにいる動物のようでした」（Connolly, 2009）。

ば，いることがいないことであり，いないことがいることでもあり得るのです。これが人と人の関係におけるパラドックスです。

　今日，パンデミックがまさにそれを表しています。南北戦争以来の分断が進み，家族の間に争いや葛藤が起き，暴徒が首都を襲撃するなか，私たちは不条理とパラドックスについて学びました。存在と不在，事実と虚構がごちゃまぜになり，指導者さえもあいまいに方向を見失ってしまい，機能しなくなりました。誰が責任者で誰がそうでないのか，あまりにも長い間，分からなくなってしまったのです。

　パンデミックの間，家族や友人たちは離れていても一緒にいられるよう，ビデオ通話を使いました。親は子どもと一緒に家にいる時間を楽しみつつ，一方では一人になる時間を持ちたいと強く望みました。たとえば，家にいながら仕事をし，子どもの勉強を手伝いました。人々は互いに不在でありながら，存在もしていたのです。そのようななか，最も痛ましい不条理は，多くの人が病床にある大切な人と，ときには最期となるお別れを，ガラスの窓越しや携帯電話越しにしなければならなかったことです。

　さらに悪いことに，何百万人もの人々が，家族や友人，恩師，同僚を失って悲しむことが必要なときに，通常行われるような慰めの儀式が禁じられてしまいました。パンデミックの間に死者が増え，何度も何度もそのピークがあり，悲しみの中にいる人たちが最も慰めを必要としているときに，葬儀を行うこと自体が健康上のリスクを伴うという究極のパラドックスになったのです。危機の時代には，矛盾が常態化してしまいます。

　歴史の中で今の時代を理解するには，人々を病気や死に至らしめる原因だけではなく，昔と今に起きたすべての不条理と矛盾を直視することが役立ちます。ウイルスについては，昔も今も多くのあいまいさが渦巻いており，明らかに間違った情報や陰謀論さえあります。新型コロナウイルスが人々の健康を害したにもかかわらず，マスクの着用を拒む人々がいます。科学者や医療従事者がしばしば悪者にされ，事実を目の前にしてもパンデミックはデマだと言う人もいました。不条理が世の中を支配していたので

す。逆説的ではありますが，病気が存在していても病気を理解していない人がいるのです。

　今ある私たちの不安の原因は，私たち自身の弱さではなく，医療，社会，経済，人種問題として生命を脅かし，緊急を要する複数の危機が同時に訪れるという，私たちを取り巻く激動する環境に原因があるのです。このような状況下では，人々の不安や抑うつ，そして怒りが高まるのは当然です。

　このような困難な時代に耐えるには，私たちにレジリエンスが必要です。ウイルスに耐えるためには，強く，柔軟でなければなりませんが，ワクチンでウイルスが制御されている現在でさえ，社会におけるさまざまな問題に直面し，対処するために，レジリエンスを保ち続ける必要があるのです。たとえば，組織的な人種差別，豊かな国の中でも起こっている貧困の増大，また健康保険の有無や適切な医療，住宅，教育，ブロードバンドインターネットへのアクセスなどを持っている人と持っていない人の間に広がる格差が問題になっています。皮肉なことに，パンデミックの最中には中流階級でさえ食糧難に陥ったのに，裕福な人たちはさらに裕福になりました。今までのやり方を変えるためのレジリエンスや柔軟性は，パンデミックの終わりとともに必要でなくなるわけではないのです。

　変化とは，本質的にストレスが多いものです。というのも，新しい方法やアイデアに対して心を開き，柔軟であることが，私たちに求められるからです。変化することにはしばしば妥協が必要であるため，完璧ではなくても受け入れる寛容さが試されます。必ずしも望むどおりにならないのは，あいまいさへの耐性が試されているからです。

　見えないもの，可視化できないもの，知識の範囲を超えるものを否定するのは簡単です。しかし，変化を起こすためには，あいまいさのストレスに正面から向き合わなければならないかもしれません。私たちは喪失について，過去も現在も，できる限り多くの情報を集めることで，何が問題で何に立ち向かっているのかを知ります。しかし，ときには喪失についての

明解な情報がなく，これをはっきりさせる新しい方法を，見つけなければ
ならないこともあります。

　ニューヨークのツインタワーが攻撃され崩壊した9.11アメリカ同時多
発テロのあと，当時幼かった孫のことを，あるおばあさんが話してくれま
した。恐ろしいことが起ったその日，父親が家に帰らず，男の子はとても
取り乱していました。泣きはしませんでしたが，お父さんを探して家に連
れて帰ろうという思いで必死でした。探しに行けば，きっと見つけること
ができると信じていたのです。お父さんを探すためにグラウンド・ゼロに
連れて行ってくれる人が誰もいないので，男の子は怒っていました。賢明
な祖母は，グラウンド・ゼロに孫を連れ，父親が働いていたタワーが倒壊
した場所を見せにいく方法を何とか見つけました。現地へ向かうフェリー
の中，お父さんを見つけるのだという大きな期待を持った男の子はとても
興奮していました。しかし，マンハッタンに近づくにつれて静かになって
いき，はじめて泣き出したのです。まだ煙の出ている瓦礫の山を目の当た
りにして，彼ははじめてもうお父さんは見つからないと悟ったのです。

　確かに，生々しく耐えがたい喪失であっても，逆説的ではありますが，
その苦痛は時間の経過とともに軽減していきます。そのような喪失を乗り
越えはしなくても，喪失とともに生きていくことを学びます。その少年は
現在どこにいるのでしょう。一人の男性として，父親を失ったことに対し
て何らかの心の平和が見つかったでしょうか。私はそうであることを願っ
ています。

　自分の人間関係の中で，「いる」と「いない」のパラドックスとともに
生きていくには，あなたが失った人やものについて考え，リストを作るこ
とが助けになります。パンデミック中に起こった喪失だけでなく，現在起
こっている喪失，過去に起こった喪失を思い出せる限り，誰を失い，何を
失ったか，特に幼い頃から本当に苦痛だった喪失を，リストアップしてい
きましょう。また，精神的に大きな衝撃を受けた喪失や，世代を超えて語
られてきた喪失について，周囲の年長者から聞いたことをリストに入れま

しょう。これらの喪失を書き留め，よく考えてください。それらは，あなたの遺産の一部です。できればそこに，レジリエンスの物語があればよいのですが，なかには破滅や失敗の物語もあるかもしれません。これらすべてが，あなたが意味を探す始まりとなります。先祖が経験してきたこれらの喪失に対する自分の感情を認識することが，現在の喪失に対処するために役立つでしょう。そこには，混乱，悲しみ，嘆き，怒り，罪悪感，プライド，共感，あるいは安らぎ，といった多種多様な感情がきっとあるはずです。

　失ったものと向き合わなければ，解決されていない悲しみのトラウマは，世代を超えて受け継がれていってしまいます。アメリカ先住民の大量虐殺，奴隷制における不当な仕打ちと苦痛，ホロコーストの恐怖，さらに終わりのない戦争，明確に認められることがなく，いまだ決して解決していない大量虐殺など，何世紀も前に起き，心の傷となってきた喪失が，今日も引き継がれてしまっていることを私たちは目の当たりにしています。

　おそらく，私たちも私たちの子どもや孫たちも，2020年のパンデミックによる喪失を決して忘れることはないでしょう。私たちは苦痛と癒しの物語を，未来の世代に語り継いでいくのです。私の父がまだ少年だった1918年に起こったインフルエンザのパンデミックについて語ったように，そして私が1955年の夏に弟の命を奪ったポリオの大流行について今でも語るように。語り継ぐことには意味があります。私たちが，「いる」と「いない」，そして「喪失」と「レジリエンス」のパラドックスについて語り継ぐのは，終結することを望まないからです。

■　■　■

　古代の文学では，目の前からいなくなった人たちが，いかにして心の中で存在しうるかというパラドックスが，多くの物語に取り上げられています。その一例を紹介しましょう。アイルランドの演劇『フェリーマン（渡

し守)』*3の中で，古代ローマの詩人ウェルギリウスの叙事詩『アエネーイス』をもとにパットおじさんが語るのは，このような話でした。死んではいない行方不明の人たちが，三途の川の岸に置き去りにされ，川を渡らせてもらおうと気も狂わんばかりに待ち続けています。しかし，渡し守は彼らを乗せて川を渡ることができません。彼らの生死があいまいだからです。その結果，彼らは川岸に置き去りにされ，自分の死が確かになるまで，地上をさまよい続けなければなりません[7]。

　渡し守が死者を乗せて三途の川を渡す，という話は古くからありますが，私はブロードウェイの劇場でこの舞台を観ながら，何世代にもわたって行方不明の兵士を探し続ける家族がいるのは，愛する人が安らかに眠りにつけないのでは，という恐れが理由なのではないかと考えたのです[*4]。北アイルランド紛争で，青年が日常的に失踪していたときの喪失の苦悩を思いながら，私はこの劇がそのような苦悩をあまりに正確に描いていることに驚きました。この作品がロンドンで初演されたとき，私はロンドン公演のプログラムに載せるエッセイを依頼されました。以下はその抜粋です。

　　なぜ身体的には不在である行方不明者が，残された人の心の中に存
　　在し続けることができるのかというパラドックスは，文学では数え切
　　れないほど取り上げられています。古くはソポクレスの『アンティゴ

---

*3 『フェリーマン』は，ソニア・フリードマン・プロダクションズによって考案され，2017年4月24日にロンドンのロイヤル・コート・シアターのジャーウッド・シアター・ダウンステアズで初演されました。その後，ソニア・フリードマン・プロダクションズ，ニール・ストリート・プロダクションズ，ルパート・ギャビンを伴うロイヤル・コート・シアター・プロダクションズ，ギャビン・カリン・プロダクションズ，ロン・カストナー，そしてトゥルチン・バートナー・プロダクションズによって，2017年6月20日以降，ロンドンのギールグッド・シアターに移って上演された。作品は2018年10月に，ニューヨーク・ブロードウェイのバーナード・B.ジェイコブス劇場に移って上演された。

*4 ウィル・ヒルトンは著書 *Vanished*（失踪）の中で，1944年に太平洋で消息を絶った第二次世界大戦のパイロットを探し続ける話を書いている（Hylton, 2013）。

ネー』から，近代ではジェズ・バターワースの『フェリーマン（渡し
守）』まで，登場人物たちは想像を絶する事態に立ち向かうことを求め
められます。アンティゴネーにとっては，兄をきちんと埋葬できるま
で，どうやって兄の死を悼めばよいのかという疑問がいつも心の中に
あります。この演劇に登場するカーニー家の人々にとっても，疑問は
同じです。遺体もないのに，家族はどうやって悲しみを終結させれば
よいのでしょうか 8)。

　たとえ遺体が見つかったあとでも，残された人たちの気持ちが終結す
ることはない，というのがその答えです。実生活でも，それはありえない
とです。それなのに，あいまいさと喪失についての物語が私たちの興味を
引き続けるのは，それがあまりにもありふれた人間の体験を描いているか
らです。劇作家，詩人，芸術家は，「いる」と「いない」のパラドックス
に刺激を受け，観客はそれに魅了されています。私たちは劇場や美術館で
それを見て，音楽の中にもそれを感じます。しかし現実の世界では，この
ような矛盾は心の痛みを伴い，私たちは確かなものを求めて格闘します。
常に明解で完璧に解決して終わるミステリー小説が，人気があるのはこの
ためです*5。
　芝居やエンターテインメントはさておき，結局のところ，私たちは「い
る」と「いない」のパラドックスに決着をつけるために，自分自身と格闘
しているのです。私の大切な人はどこにいるのか？ 彼らが去ってしまっ
た今の私は誰なのか，離婚し，失業し，一文無しになってしまった今の私
は誰なのか，愛する人が末期の病気になった今，私は誰なのか，死産のあ
と，一度も会うことなく，私の前からいなくなったり，私に会うことを子
どもが拒んでいる場合，私には何人の子どもがいると言えばよいのか，パ
ンデミックがそれまでの生き方を変えてしまった今，私は誰で，何ができ

*5　例外は，ケネス・ブラナー監督の 2017 年の映画『オリエント急行殺人事件』。この映
　画は，すばらしくあいまいな終わり方をしていた。

るのか？　87歳になり，未亡人になったばかりの私にとって，これまでの疑問はすべて落ち着いたつもりでした。しかし今，私は再びその意味を見つける必要があります。

　失ったものや失敗したものに，一定の意味を見出すことができれば，もっと解放された気持ちで新たに前へ進むことができるでしょう。もちろん，祝日や結婚式，出産，卒業式のときなどは特に，悲しみがまた訪れますし，失った人や物を思い起こさせるものや場所では，何年経っても涙を流すこともあります。しかし，私たちは皆，「いる」と「いない」のパラドックスを受け入れることを選択するほうが，終結を求めようとするよりも，苦痛が少ないのです。


■　■　■


　私たちは，一番苦しいときにこそ最も成長し，レジリエンスを高めることがしばしばあります。古代中国のことわざにもあるように，「危機は絶好の機会になりうる」のです。愛する高齢の夫をつい最近亡くした後でも，私はあいまいな喪失とともに生きています。夫は亡くなったけれども，彼はまだここにいる。私はそのパラドックスを大切にしています。つまり夫を失った悲しみを抱えながら，私に残された今後の日々に何をすべきかを考え，仕事をしながら前向きに生きてます。『ニューヨークタイムズ』紙が届いたり，夫が好きだった音楽を聴いたりすると，毎日彼がいないことを思い知らされます。彼を介護するヘルパーさんが帰って，二人だけになったときに話し合っていたときのように，今も朝刊の記事にペンで丸く印をつけたくなります。それは，かけがえのない時間でした。

　このようにいろいろな場面で一緒に過ごした人生を思い出しますが，悲しくても，打ちひしがれているわけではありません。夫の死に関連したあいまいさによるトラウマはありません。彼が死んだとき，私は一緒にいましたし，死亡診断書という証明もあります。彼の遺灰は，今は私のところ

にあります。誰もがそのように恵まれているわけではありません。

　新しい自分のあり方を発見できると，たとえそれが解決できない場合であっても，パラドックスという矛盾による混乱が静まるかもしれません。私たちは，年齢に関係なく変わることができるのです。そして，私たちは致命的なパンデミックに見舞われる前よりも進化し，もっとレジリエンスを高めることができます。確かに，変化は悲しみや不快感，混乱，そしてしばしば怒りをもたらしますが，これらはすべて，日々のニュースの中でもよく見られますし，また私たち自身の中でも起こるものです。しかし，パラドックスを受け入れることで究極的にもたらされる継続と変化は，時折，再調整されながら，何か新しいものに変わらなければいけません。この変化は，個人，家族，コミュニティ，国など，私たちが属しているすべてのシステムが生き延びるために不可欠です。

　喪失の中で，継続と変化の両方が必要であるというパラドックスの不条理に直面するほど，パンデミック前よりもさらに良い方法で，自分の人生を再び前に向かって進める意味や目的を見出すことができます。そのために，何が助けになるのでしょうか。次の第6章では，新しい考え方を紹介します。

# 第6章

# A and B 思考
# （A も B もあり得るという考え方）
## *Both/And Thinking*

> 優れた知性とは，二つの対立する概念を同時に抱きながら，
>
> その機能を十分に発揮していくことができる，そういうものです。
>
> ——F. スコット・フィッツジェラルド『クラック・アップ』

　私は日々の臨床の現場で，毎日のように，家族の中で対立している人たちと接してきました。そのなかで特に印象に残っているのがこのケースです。三世代家族の長である高齢の男性が，重度の認知症を患っていました。あるとき，成人している息子は，父親のことを家具の一つと思って，ぶつかりさえしなければ，今の状況を我慢できると言いました。私はそのときの反応も，その後に起こったことも，決して忘れることができません。父親のその言葉に対し幼い孫がすぐに口を開き，「お父さんは間違っている，おじいちゃんはまだここにいるのに」と言ったのです。その子はその日，セラピストである私の補佐役でした。彼は，父親が知らなかった「A and B 思考（A も B もあり得るという考え方）」[†1]を知っていたのです。

　A and B 思考とは，相反する二つの考えを同時に持てることを意味します。まさに本章の冒頭にあるフィッツジェラルドが書いたように。この

---

†1（訳注）　正しいのは，A か B のどちらか（A or B）である，という絶対的な思考ではなく，A でもあり，B でもあり得る（A and B）という考え方。ボスはこの A and B 思考を，あいまいな喪失へのアプローチの一つとして提唱している。

おじいさんは，記憶はなくなってしまってもまだ物理的に存在し，生きていました。ここにいるけれど，もういないのです。このようなあいまいな喪失には，少なくともその時点では，真実の可能性は一つだけではありません。完全に「そこにいる」か，完全に「そこにいない」かという二項対立的なものではなく，その両方があるのです。人は，いないけれどいる，ということが同時にあり得るのです。

しかしこのような考え方は，同じコミュニティであっても社会的地位や収入の異なる人には，異なる影響を与える可能性があります。ときとして，私たちには二つの選択肢を持つという恩恵がない場合もあるのです。1970年代の活動で行方不明になった兵士や，米国同時多発テロ後に行方不明になった人々について，多くの家族は現実的かつ経済的な理由から，死亡証明書を受け入れました。しかし，私が彼らと話をすると，彼らは明らかに死に疑念に抱いていました。ほとんどの人が，「たぶん死んでいる」「いや，死んでないかもしれない」と繰り返しました。

家族や友人を失ったことを，「A and B 思考」という視点からとらえたとき，私たちは，テーゼとアンチテーゼの両方を持ちながら，最終的にその相反する二つの事実の統合や融合に到達することを意味する弁証法的な考え方に思い至るでしょう[1]。しかしあいまいな喪失では，そのような対立する考え方は，決して融合も統合されないこともあります。このように，一つの明解な答えがないということは，完璧を求める人には納得することが特に難しいことです。

私たちの多くは，まさにはっきりとした解答を見つけるように訓練されてきました。それがうまくいけばよいのですが，ときには完璧な解答がない場合もあります。ある種の喪失は永遠にはっきりしないままであり，その場合，私たちは疑いを抱きながら生きていきます。

したがって，「A and B 思考」は，正確には弁証法的思考と同じではないと知ることが重要です。なぜなら，統合が不可能な場合があるからです。弁証法的思考は，相反する二つの考え方が最終的に融合することを前

提にしていますが，あいまいな喪失ではそれは起こりえません。統合を望んだとしても，それは永遠に起こらないかもしれません。ならば，あえて何か解決策を待つよりも，むしろ現在進行している相反する考え方を利用して，適応と変化に向かって前進する原動力とするのです。そして，失った人なしで，新しい方法で人生を生きていくのです。

　絶対的思考が人と人を分断するのに対し，A も B もあり得るという考え方は，私たちが共有しているものに焦点を当てます。私たちが共有するもののなかに，A か B かという二項対立的な極論から，折り合える中間点へと向う可能性が秘められているのです。多少のストレスは残るとはいえ，一つの完璧な解決策を求め続けるよりも，頭の中で同時に相反する二つの考えのバランスを取るほうが，ストレスは少なくなります。

　完璧な答えや解決策がないときは，二項対立を手放して，折り合える中間に移動することが有効です。たとえば，「認知症の父は自分にとって死んでいるのと同じ。そこにいても，家具のような存在でしかない」といった絶対的な思考を手放し，かわりに「父はここにいるし，いなくもある。不在であって，同時に存在もしている」と考えるのです。このようにすれば，私たちは，否定的なものと肯定的なもののバランスが取れ，その結果，怒りや悲しみによって身動きできなくなることを回避できます。

　このような思考は，より柔軟で，かつ絶対にこうあるはずだという考え方を減らすので，あいまいな喪失の真実に近いと言えます。そして，パンデミックのような，明らかな解決策がすぐに見つからない喪失の中で生きていく意味を見出すのに役立ちます。しかし，今回のパンデミックのあとにも，物理的・心理的な喪失や，死に関する答えが見つからない問いは続くことでしょう。このようなあいまいな喪失の状態は，戦争や疫病のような極端な状況から生まれるだけでなく，単に日常生活のストレスからだけでも生じるものなのです。

　愛する人の死に立ち会うことも，埋葬や火葬される前に対面することも，DNA 鑑定を受けることもなければ，人々は失った人がまだどこかで

生きていて，戻ってくるかもしれないという希望を持ち続けることもあります。私は，アメリカ同時多発テロ後のニューヨーク，1990 年代に残酷なセルビア人誘拐事件のあったコソボ，そして 2011 年の津波で何千人もの大切な人が津波で流された日本の残された家族のなかに，このような状況をよく目にしました。同じようなあいまいな喪失は，パンデミックのときにも見られました。愛する人が誰にも看取られずに亡くなり，遺体が放置され，無名の墓に埋葬されたりしました。世界中でコロナウイルスの犠牲者の多くが集団墓地に埋葬され，このパンデミックの間，あいまいな喪失が急増したのです。

　ただし，注意すべき点があります。「A and B 思考」という考え方は，喪失という状況すべてに適しているわけではありません。たとえば，勝負を決めるゲームや金銭の問題では，あいまいさはありません。勝つか負けるか，損か得か，成功か失敗か，のどちらかです。月に人が着陸したときも，火星に探査機を走らせたときも，成功か失敗かのどちらかでした。しかし，人間関係や愛する人を失うことにおいて，そのような二項対立的な思考で安らぎを得ることはできません。私たちは，両極端の間にあるグレーゾーン，つまりその中間に安らぎを見出すことが多いのです。ちょうど今，私自身も，送られてきたばかりの死亡証明書で夫が亡くなったことが確実になりましたが，このグレーゾーンの中で，自分自身も安らぎを見出していることが分かります。

　今回のパンデミックでは，日常生活や仕事のやり方を変えなければならないというプレッシャーから，新型コロナウイルスを否定する動きに至るまで，あらゆるところであいまいさによるストレスが見られました。おそらく最も大きなストレスは，マスク着用を拒否する人と今でも着用し続けている人の間で，この問題が政治的に問題化したことでしょう。合理性があるのかないのかという議論が対立するにつれ，私たちのストレスは危機的なレベルまで上昇し，身動きが取れなくなりました[2]。

　パンデミック中の喪失をどう捉えるかについて，どんな意見の相違が

あったにせよ，フラストレーションやストレスを管理することは，私たちに有益です。私たちは，「A and B 思考」を使い続けることによって，それらを管理するのです。私は，家から出て仕事に行きますし，子どもと一緒の時間も過ごします。一人になる時間を強く望みつつ，社会との接触も求めています。隣人と意見が合わなくても，その人と話し続けます。私は，世の中の疲弊にストレスを感じながらも，物事が少しずつ良くなっているという楽観的な気持ちも持ちあわせています。

　解決策のない問題に直面しているとき，私たちはその問題が起こすストレスとうまく付き合っていかなければなりません。特にそれが自分の考えから出たものではない場合，自分がやりたいようにやるという自由を失い，変わるように求められると，その変化はストレスになります。しかし，ここで重要なことは，私たちが問題の本質を知り，ストレスに耐えられるだけのレジリエンスを持ち，個人のニーズと他者への配慮のバランスをとることができれば，対処できるのです。

　医療社会学者でストレスの専門家であるアーロン・アントノフスキーは，私たちが理解でき，どうにかして対処ができ，意味を見出せるならば，それが引き起こすストレスは人の健康をそれほど消耗させるものではない，と述べています[3),4)]。つまり，ストレスには良いストレスと悪いストレスがあるということです。競技スポーツや，人によっては普通の人がしないような激しいスポーツを楽しみ，危険を冒してでも高いストレスを経験することを選択する人もいます。このような人たちはストレスをうまくコントロールできるため，これを良いストレスと名付けるでしょう。

　一方，1993年のチューリッヒ大学の会議で，私たちは，悪いストレス，つまり望まないストレスについて議論しました。そのときアントノフスキーは，あいまいな喪失は対処がしにくく，一貫性や論理性に欠けるため，ストレスが高く害があるという私の意見に賛同しました。私たちはこの会議で自分たちの意見を講演し，その後，近くのレストランでコーヒーを飲みながら，あいまいな喪失の一貫性のなさについて話を続けました。

研究職にありがちなことですが，私たちは議論に深入りしてしまい，支払いをしていないことに気づかず，レストランを出てしまいました。ウエイターが外に飛び出してきて，長い白いエプロンをはためかせながら私たちを追いかけ，伝票を振りながら大声で，「まだ支払いをしていないからお金を払って！」とスイス語なまりのドイツ語で叫びました。私たちは従順な子どものようにさっとお金を出し，申し訳なさそうに会計を済ませたあと，挨拶をして別れました。アントノフスキー教授は翌年亡くなられたので，彼に会ったのはこれが最後となりました。しかし，この章を書きながら私はあの議論についてずっと考えています。彼は，自分のストレスを理解し，管理する必要があること，そして，なぜあいまいさがそのストレスを妨げるのかについて，私に再確認させてくれました。なぜあいまいさがこれほど健康を害する可能性があるのでしょうか。なぜならば，そこに意味を見出すことができないからです。

■　■　■

自分よりも強力なもの，すなわち致死性の高いウイルスに制圧され，自分たちの生活を自分自身で管理することに慣れていた世界中の人々が，強制的なロックダウン（都市封鎖）やマスクの着用などの規則に，突然従わなければならなくなると，より攻撃的な行動を取り，何もかもが間違っていると否定する人々が増えます。陰謀論が盛んになります。私たちが抱える問題の原因について絶対的な答えが欲しいとき，スケープゴート†2を作り，それに責任を負わせることがあります。しかし，責められるべきものは外にあるという認識を持つ必要があります。これを外在化と呼びます。今回のパンデミックの犯人は新種の変異しているウイルスであり，それが今なお引き起こしているあいまいさなのです。だから，お互いを非難する

†2　自分自身を正当化するため，別の人を悪者に仕立てて攻撃することで，欲求不満の感情などを晴らそうとすること。

必要はまったくありません。

　そんなときに私たちに共通していることは，誰もが外部の力に支配されたくないと思っていることです。しかし，ウイルスはまさにその支配的な力となり，まだワクチンを接種していない世界の多くの人々に危険を及ぼしています。これにどのように対処すればよいのでしょうか。

　今すぐには変えられない問題に直面したとき，少なくとも私たちにできるのは，自分の考え方を変えることです。絶対的な思考ではなく，「A and B 思考」に切り替えるのです[5]。これは，F・スコット・フィッツジェラルドが書いたように，レジリエンス，つまり変化に対してオープンであること，二つの対立する概念を同時に心の中に持つことを意味します。このような考え方は，何らかの外からの力が私たちを消耗させるときに，非常に役に立ちます。

　家族を介護しているケースを考えてみましょう。今日，何百万人もの女性，男性，十代の若者が，末期的な病気，身体や心の病気，あるいは何らかの障害を持つ家族の看病や介護をしています[*1]。このような病気や看病・介護を取り巻く状況は，その家族にとって圧倒的なストレス要因となり，日常生活や生き方のあらゆる側面を変えてしまいます。高齢の親，末期患者のパートナー，重い病気を抱えた子どもの世話をすることは，私たちがコロナウイルスに直面して感じたこと，つまり私たちの生活が外部の力によって支配されていることを示す別のかたちと言えるでしょう。自分や自分の大切な人たちの生活を病気が支配するときは，必ずしも自分の思いどおりにならないものです。新生児の親や体の弱い高齢者の介護をする人なら，誰もがその気持ちを知っているはずです。このような看病や介護の責任を自分自身が負うかどうかは別として，介護者はもはや自分の好きなことを行う自由はありません（いつでも好きなことをできると思ってい

---

＊1（原注）　2020 年には，5,300 万人のアメリカ人が，特別なニーズを持つ大人や子どもの介護者になっていると推定されている（AARP & National Alliance for caregiving, Caregiving in the U. S. 2020, Executive Summary, p.ES-1）。

る人というのは，どういう人たちでしょうか。おそらく，幼い子ども，病気や末期の人の世話や介護を行っている人ではないはずです）。

　介護する人は自分自身の健康を維持するために，早くから「A and B思考」が必要であることを学びます。介護が必要となった病気や状況に関して，自分たちを責めずに，病気そのものや状況からくるものだという「外在化」の考え方を学び，病気も自分も責めないという中間点を見つけるのです。「私は，愛する人のケアも，自分のケアも両方を行います」と考えることは，簡単なことではありません。私自身，数年にわたる介護の経験から，介護をするよりも介護についての本を書くほうが簡単だと学びました。家族を介護する人への私の共感は，確実に深まりました。

　ある介護者グループで，憔悴した一人の男性が，1年以上妻の介護をしていて途方に暮れている，と私に言いました。妻はアルツハイマー病でした。彼は退職していましたが，介護のために木曜日の午後に友人と行っていたゴルフをやめてしまいました。私は，なぜそのまま木曜日の午後を休みにしなかったのか，と尋ねました。経済的な問題ですか？　いいえ，と彼は言いました。それは彼自身の罪悪感でした。友人と過ごす時間が欲しいというのは，自分勝手なことだと思っていたのです。ほかの人はなんて言うだろうと。私は，木曜日を休みにし，友人とゴルフをすることを勧めました。あなたは介護のできる良い夫になることも，自分自身のケアをすることも同時にできます。逆説的ですが，休みを取ることは，病気の奥さんへの贈り物です。それは，妻にとっても，より幸せで健康な介護者，より幸せで健康な夫がいることにつながるのです。

　介護者は，愛する人の病気に押しつぶされるような気持ちになり，自分自身のためになるようなこと，人とつながり，健康を保つのに必要なことを，よくあきらめてしまいます。孤立し，介護に支配されていると感じる一方で，自分自身のニーズを満たすことには罪悪感を覚えます。これはおそらく，介護者にとって最も危険なことです。愛する人の世話はしても，自分のことはかまわない。そういう状態のときには，相反する二つの考え

を同時に持つことが求められますが，これは簡単なことではありません。自分たちが介護しなくてはならない病気や障害に支配されるしかないと思って，自分より強いものに負かされてしまうのです。ある意味，介護者であることは，自分の人生を自分でコントロールできないときの状況に似ています。このような状況を生き抜くためには，どんなときも，「A and B 思考」という柔軟な考え方が求められるのです。

　意外なことに，この考え方は年齢を問わず，すんなり受け入れてもらえます。人は極端な考え方をするよりも，その中間の考え方のほうが現実に近いと知っているからです。パンデミックの最中は，理屈に合わないことがあまりに多かったので，この状況が異常であって，それを経験している人が異常なのではないと知る必要がありました。パンデミックは，私たちに制限を与えたけれど，それとともに成長ももたらしました。パンデミックは，普段やってきたことを制限すると同時に，何か今までとは異なった新しいことをするように，私たちを解き放ったのです。ある女優はがん患者のために Zoom で新しく即興演技のクラスを教え，仕事を失ったウェイトレスは学士号を取得し，多くの人がサワー種で作るパンの焼き方を学び，一時休暇中のパイロットは家族のために夕食を作るようになりました。夕食を作ったパイロットは，これがネガティブな経験だと思ったけれども，ポジティブな経験ともなった，と言いました。飛行機を操縦する機会は減りましたが，子どもたちとのより充実した時間を送ることができたからです。

　パンデミックの意味を見出そうとするとき，「A and B 思考」で考えることは，これからも私たちの助けになり続けるでしょう。パンデミックはつらい時であると同時に，成長の時でした。喪失の時であると同時に，新たなものの見方を得る時でもありました。それは，現在体験している喪失に思いを寄せるときであり，有色人種に対して過去や現在に起こっている喪失に，思いを寄せるときでもありました。私にとっては，夫の死というつらい個人的な喪失のときであると同時に，より大きな喪失について新た

に学ぶときでした。

　このパンデミックが終わっても，私たちは終結を迎えることはありません。喪失は，私たちの心の中に痕跡を残し，私たちの考え方や生き方を変えました。新型コロナウイルスは，私たちから何かを奪うと同時に，新しい何かを与えてくれました。私にとってそれは，自分が常に主導権を握っているのではないことを，改めて謙虚に知る機会になったと言えます。

第 **7** 章

# 喪失とともに生きるレジリエンスを
# 高めるための六つのガイドライン
## Six Guidelines for the Resilience to Live With Loss

もはや状況を変えられないというとき……

私たちは自分自身を変えることを試されています。

——ヴィクトール・フランクル『夜と霧』

　多くの場合がそうであるように，喪失があいまいなままだと，私たちが喪失をどう捉えるかということしか，変化への入口が存在しません。いったん私たちが自分の見方を変える力を持っていることに気づくと，罪悪感や怒り，復讐心などの感情に打ちひしがれるような状況を，自ら変化させることができます。逆説的ですが，私たちの体験した喪失は変えようがないので，私たちが変わるのです。

　このプロセスには時間がかかりますが，そのような考え方への移行が不可欠です。その体験は直線的ではなく円環的なもので，始まりや順序も特に決まったものではありません。しかし，最終的な目標は，私たちのレジリエンスを高めることです。レジリエンスは，喪失の痛みやあいまいさの不安に耐え，打ちのめされても再び立ち上がり，苦しみからより強く成長する力です*¹。レジリエンスを高めるプロセスは，個人や家族だけでなく，国家や世界中のあらゆる人々の集団に適用できます。

　喪失とともにどのように生きていくか，その可能性を探るには，パラドックスを受け入れ，「A and B 思考」を用います。そして，「意味を見

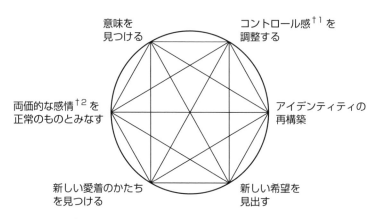

**図 7-1　喪失とともに生きるレジリエンスを高めるためのガイドライン**

つける」「コントロール感を調整する」「アイデンティティの再構築」「両価的な感情を正常のものとみなす」「新しい愛着のかたちを見つける」「新しい希望を見出す」という六つのガイドライン [1].[2].[3] を使います。ガイドラインの各項目は必要に応じて使うものであり，順序は決まっていませんが，最終的には図 7-1 のように六つすべてに注意を向けるようにしてください。

　図 7-1 では特に順番のない縦横に結ばれる線が示されていますが，以下

---

\*1（原注）　アン・マステン（Masten, 2001），ジョージ・ボナーノ（Bonnano, 2004, 2019），フローマ・ウォルシュ（Walsh, 1998）はいずれも，私たちには回復するための力が備わっており，ほとんどの人は喪失や悲しみの中に新しい意味を見出しながら，喪失後も医療的に介入は必要なく，良い人生を送っていることを見出している。

\*2　各ガイドラインは，私の長年の研究，フィールドワーク，行方不明者家族との臨床活動から生まれたものである。それは，今日の新しい世代の研究者たちによって，継続的に検証されている。私の本（Boss, 2006）では，各ガイドラインに 1 章ずつが費やされている。

†1（訳注）　原語は mastery。「自分の人生を自分で管理することができる」という感じ方や有能感のこと。

†2　相反する感情を同時に持つこと。たとえば，「愛している，でも憎い」「いてほしい，でもいなくなってほしい」など。

†3　ボスが提唱する，6 項目からなるあいまいな喪失への介入方法。6 項目は，図 7-1 を参照。

に示す六つのガイドラインのそれぞれがレジリエンスを高めることに役立ちます。最初の「意味」と最後の「希望」はつながっているので，円形の図になっています。おそらく，意味を見つけることが最も難しいことの一つなので，まず自分にこう問いかけてみることをお勧めします。「この喪失は私にとってどんな意味があるのだろう」。この問いに対するあなたの答えは時間とともに変わるかもしれません。しかし，この円環的な喪失体験の旅を，どうぞあなた自身のことに当てはめてみてください。必要なところから始めて，また必要に応じて行ったり来たりしてください。六つのガイドラインは，決して段階的でも，規則的でも，順番に進むものでもなく，喪失と悲しみのなかに分かりやすく意味と新しい希望を見出すためのあなた自身の旅のガイドなのです。

## ■意味を見つける

　喪失に意味を見出すことは，喪失の意味を理解しようとするプロセスであるため，時間がかかります。あいまいな喪失の場合，これは不可能でないにしろ最も困難を伴うプロセスです。しかし，通常の喪失の場合であっても，意味を見つけることは簡単ではありません。あいまいな喪失では，答えの見つからない問いは厄介なものですが，たとえば祖父母の死など，通常のはっきりとした喪失であっても，答えの見つからない問いが存在することもあります。「なぜ私はそこにいなかったのだろう」「私は十分なことをしたのだろうか」「言うべきことは言っただろうか」「最後の言葉はどういう意味だったのだろう」「祖父母は私を誇りに思ってくれていただろうか」。しかし，重要な問いかけは，常に次のようなものです。「この喪失は私にとってどんな意味があるのだろう」「運命なのか，宿命なのか，神のなせる業なのか，これはつらい病に対する慈悲深い最期ということなのか，それとも単に長寿をまっとうしたということなのか」「その死は自分にとって安堵をもたらしたのか，それとも予想外の驚きの出来事だったの

か，恩恵だと感じたのか，罰のように感じたのか」。このように，その人にとっての意味は，自分の置かれた状況によって異なります。

「状況によって」というのは，喪失がどこでどのように，また何が原因で起ったかによって，意味が違ってくるということです。その人は殉職したのか，犠牲と勇敢な行動のために亡くなったのか，飲酒運転や警察による不当な行為によって殺されたのか。おそらく最も理解しがたいのは，幼児の死，誤射による死，殺人，自殺，大量虐殺といった，通常ではない，あるいは人間の予測の範疇を超えた喪失でしょう。こういった種類の喪失では，意味を見出すことが特に困難です。

このように，喪失によっては決して意味を見出せない場合もあるので，その場合は，「意味がない」ということがその喪失の意味になります。「意味がない」と名付けることで，問題は私たちにあるのではなく，非合理，あいまいさ，不条理，理解不能というような，外側からくる状況によるものだということがわかります。このような場合，通常は無力感に襲われます。そうであれば，正義を求める，大義のために努力する，間違いを正して示すなど，何らかの行動を通して対処することが最善の選択となります。

1955年当時，私の家族が喪失に意味を持たせるためにとった行動は，「マーチ・オブ・ダイムズ」という行為でした。弟がポリオで亡くなった後，ワクチンの研究資金へ寄付するため，家族みんなで一軒一軒家を訪ねて10セント硬貨を集めて回りました*3。現在では他の病気のために行われていますが，愛する人を苦しめ，あるいは死に至らしめた病気の治療や撲滅を目的とした研究資金を集めるために，多くの人々がこのような活動に参加し続けています。それが，意味がない喪失に意味を見出す唯一の方

---

*3　マーチ・オブ・ダイムズという団体は，1938年に全米小児麻痺財団として始まり，ポリオを撲滅するためのワクチンを発見する研究に資金を提供した。そして，実際にその目的を果たした。1976年には「マーチ・オブ・ダイムズ先天性欠損症財団」として知られるようになり，2007年には「マーチ・オブ・ダイムズ財団」となった（Baghdady & Maddock, 2008）。

法となることがあります。今日，膵臓がん，アルツハイマー病，パーキンソン病など，さまざまな病気の治療法を求める多くの運動は，ともすれば意味がないとされてしまいかねない喪失の意味を見出すために役立ちます。

　さらに，喪失を追悼する記念碑には，大小さまざまなものがありますが，それらも無意味に見える喪失に，意味を持たせることができます。アラバマ州モンゴメリにある「国立リンチ記念碑」と呼ばれている「平和と正義のための国立記念碑」そして「レガシー（遺産）博物館」[†4]，世界中のホロコースト記念博物館，1995 年に米国で起こった爆破テロで亡くなった人々を追悼する「オクラホマシティ国立記念館」[†5]や，ニューヨークの「9.11 記念碑博物館」[†6]など，これらはすべて，決して意味を見出せないような喪失に，一定の意味を見出す手がかりを見つける手助けになります。このパンデミックが終われば，私たちはパンデミックで亡くなった人々を心から弔い，敬うための記念碑なども必要となることでしょう。

　死者に対しても行方不明者に対しても，死や行方不明にどのような意味があるかを見出すには，私たちが何に対して悲しんでいるのかを知らなければなりません。私たちが悲しんでいるのは愛する人がいなくなったことでしょうか，あるいは，証拠がないため確かなことが分からないことでしょうか。しかし，たとえもしあなたが何か疑いを持っていたとしても，「A and B 思考」は特に役立つので，それを用いれば意味を見出すことが

---

†4　通称，国立リンチ記念碑とも呼ばれる。米国アラバマ州モンゴメリにあり，アメリカの人種的不平等の歴史を振り返ることができる場所として，犠牲者の名前が刻まれた記念碑がある。隣接するレガシー（遺産）博物館には，アフリカ系アメリカ人の奴隷化，人種的リンチなど，アメリカの人種差別や大量投獄の歴史が展示されている。

†5　米国オクラホマ州オクラホマシティにある記念碑で，2001 年のオクラホマシティ爆撃テロ事件（168 人が死亡）のビルの跡地に立地している。Field of Empty Chairs と呼ばれる椅子は，爆撃で命を落とした人々を表しており，一人ひとりの名前が刻まれている。

†6　2001 年，アメリカのニューヨーク同時多発テロの現場の跡地に建つ記念碑と博物館。追悼のために，2,983 人の犠牲者の名前が彫り込まれたブロンズやプールがある。

できます。意味は，人間が生きていくための動機づけや健やかさの要になるもので，これが幸福につながるのです。

　心理学者がいうには，たとえ困難な状況に直面したとしても，多くの人にとって人生は「かなり有意義なものです」[2]。別の言い方をすれば，私たちはたとえ苦しみの中にいても，そのなかで意味を見つけるのです。ヴィクトール・フランクルは強制収容所で，アントノフスキーは病院でがん患者と接するなかで，意味を見出しました[3)-5), *4]。自分と同じような苦しみを味わう人が出ないように，何らかの行動を起こすことに意味を見出す人も多くいます。自分自身のためであれ，他人のためであれ，悲劇に意味や目的を見出すことで，その悲劇に耐えやすくなるのです。それがレジリエンスです。喪失の痛みは，私たちをより強くしてくれることがあるのです。

　私たちは失ったものをどのように意味づけるのでしょうか。パンデミックの初期には情報が遮断されていたため，意味を見出すことが困難でした。真実が，あいまいに失われてしまったのです。私たちは，正確な情報を科学者から聞くことを切望していました。しかし，結局，科学者からの情報ではなく，私たちは互いが助け合うことで，意味を見出したり，目的を持てるようになりました。孤独でありながらも，工夫を凝らして日々の喜びを見出したのです。このパンデミックはひどい時期ではありましたが，今，生き延びた私たちにとって，生き延びることができなかった人々を悼み思い起こすことで，意味を見出すことができます。

　私たちは個人としても，国家としても，その一員としても悲しんでいま

---

*4　意味の探求は，人生における目的を維持する一つの方法として，ヴィクトール・フランクルが最初に奨励した。これは人々に生きるための意志を与えた。研究者や臨床医は今や，通常の悲嘆過程には意味を見出すことが必要であり，意味を見出せないことは「多くの集団で見られるように，良好な経過をとらない死別反応の主要な指標であると述べている（Prigerson et al., 2009; Neimeyer et al., 2011, pp.11-12）。アーロン・アントノフスキー（Antonovsky, 1979, 1987）が唱えた首尾一貫感覚のように，ヴィクトール・フランクルは「人生に意味を見つけようと努力することが，生きるための主な動機づけの力となる」（Frankle, 2006, p.99）と述べた。

す。というのも，バイデン大統領も就任前夜，パンデミックによって亡くなった人々を追悼する式典で，「思い出すのがつらいときもあります。しかし，そうすることで私たちは癒されるのです。国家として思い出すことが重要なのです」と述べました[7]。悲しみに暮れる一方で，すべての人がより良い生活を送るために，私たちには構造的な変化が必要であるという意味も，そこにあります。おそらく，私たちは皆，今のときを決して忘れることはないだろうということについて，誰も異論はないでしょう。

　私がパンデミックを生きるなかで学んだことは，私たちは常に自分が主導権を握っているわけではないこと，必ずしも物事は自分の思いどおりにならないこと，そして，私たちは実際，苦しみに耐えることができるということです。それは単にパンデミックを生き延びただけでなく，逆境の中にある人たちへの共感を，以前より持てるようになっているという気づきをもたらしました。おそらくあなたも，パンデミックの中でこのような意味を見出したことでしょう。

## ■コントロール感を調整する

　ニーバーの祈り（平静の祈り）[†7]が，私の心の中に浮かびます。「神よ，変えることのできないものを静穏に受け入れる力を与えてください。変えるべきものを変える勇気を，そして，変えられないものと変えるべきものを見分ける知恵を私にお与えください」[8]。

　コントロール感とは，問題を克服し，人生をコントロールする能力です[9]。しかし，これは誰もが持っている特権ではありません。たとえば，貧困，飢餓，戦争，差別，災害などは，現実には有能感やコントロール感を奪い去ることがあります[*5]。どのように対処したらよいかを知るには，

---

†7　「神よ，変えることのできないものを静穏に受け入れる力を与えてください」から始まる，アメリカの神学者ラインホルド・ニーバーが作者とされる祈りの言葉。無題であるため，「平静の祈り」「静穏の祈り」とも言われる。

自分自分の中にある力やコントロール感を持ちたいという欲求を理解することが役に立ちます。

まず，コントロール感が極端に現れる場合を考えてみましょう。コントロール感が極端に高い場合には，完璧であることや優位に立つことへの欲求があり，極端に低い場合には，無抵抗や服従せざるを得ない状況があります。このような両極端の状況は，どちらも喪失後の回復のプロセスには役立ちませんが，私たちは皆，直面している状況へ何とか対処するために，ある程度のコントロール感は必要です。ストレスやトラウマを和らげるためには，問題に対処し解決することが，絶えず必要とされるからです[3),4),10),11)]。

今，私たちに分かっていることは，コントロールしたいという欲求が高ければ高いほど，コントロール不能な出来事が起こったときに，打ちのめされる度合いも高まります。たとえば，作家のジョーン・ディディオンは，生涯，コントロールすることも対処することもできなかったある恐怖について書いています。もともと，彼女は現実的な人で，このようなコントロールができない出来事は，ある日突然起こるものだということも知っていました。なので，夫が夕食の席で突然亡くなったとき，彼女はこう書きました。「人生にはこんなこともあるわ。夫が夕食を食べようと席についたら，ご存知のように，それが人生の終わりのときだった」[12)]。

パンデミックの初期，かつてあった生活や人生は，まさにコントロール不能の状態に陥り，劇的に変化してしまったことを私たちは目の当たりにしました。この時期，私は，自分自身の支配感やコントロール感を見直さなければなりませんでした（キリスト教カルビン主義の母親が，一生懸命努力すれば何でも解決できると教えてくれたことを思い出しましたが，実際は，そうではなかったのです）。命を脅かすウイルスの力に直面したとき，私たちは物事をコントロールしたいという欲求を抑えなければなりま

---

＊5　支配感は，もともとパーリンとスクーラー（Pearlin & Schooler, 1978）によって定義され，私の著書（Boss, 2006）の中で深く論じている。

せんでした。当初，ウイルスの蔓延が抑えられなかったなかで，ほとんどの人はその状況に順応して，状況をコントロールするために個人の欲求を抑え，マスクを付け，人混みを避け，1年以上も外出を控えたのです。そうすることが，ウイルスに対する自分の安全，そして他人の安全を守る助けとなったからです。一方，マスクは個人の自由を侵害するものと考え，反発した多くの人もいました。もしかすると，これが死者の数を増やしたのかもしれません。自分のやりたいことをやりたいようにすることが，高いコントロール感を持つことだと考えた人もいれば，自分や他人を守るために予防策を講じることが，コントロール感だと考えている人もいました。

　しかし，平時においても，自分の人生に責任を持ち続けるとはどういうことかについては，見解の違いがあります。一生懸命やってもうまくいかない人も，怠け者だと言われたり，それは自己責任でそうなっているとみなされます。しかし，彼らが状況をコントロールできないのは，人種，性別，性的指向，障害，年齢などによる差別が原因であることがよくあります。自分の人生に対するコントロール感が弱い人が存在するのは，その人たちがその程度でよいと望んでいるからではなく，必要な情報や平等な機会がないからです。彼らは偏見や貧困のために，力を発揮することが許されない場合がよくあるのです。たとえば，ある文化圏の女性や少女たちは，教育を受けることが許されないため，虐待や危害から身を守ることができません。彼女たちに必要なことは，教育の機会を保障するなどして自らの能力を高め，人生をコントロールする機会がより多く与えられることであり，偏見や貧困のためにそのような機会が奪われ，人生に対するコントロール感までもが減少してしまうことではないのです。

　私は，明確な喪失であれ，あいまいな喪失であれ，喪失の痛みをコントロールしようとすればするほど，その痛みが余計に私たちを支配してしまうことを，経験上知っています。悲しみがやってきたときには，その悲しみに身を任せ，思いっきり泣いて，その後，また精一杯前に進み続ければ

よいのです。無理はしないでください。感情の起伏は自然なものです。それを感じるままにしておくと，時間の経過とともに落ち込む気持ちも次第に遠のき，緩和されていきますが，それが完全になくなることはありません。

　少し前のことですが，アイダホの山中で息子が行方不明になり，その後，遺体で発見された友人から話を聞いたことがあります[13]。彼は，グリーフ・カウンセラーから「もっと自分の弱さを出したらいい」と言われたそうですが，彼は私に「当然ながら，その勧めは自分には到底できないことでした」と言いました。それを聞いた私は微笑んで，彼の言っていることをすぐに理解しました。悲嘆に暮れるその父親は，あらゆる問題を解決するよう訓練を受けた退役米海軍大佐だったのです。私は彼に，軍の士官としてあなたは最も困難な状況を克服し，コントロールするよう期待されているのでしょうが，息子さんを失ったことはそれとは違うのですよ，と話しました[14]。それは，彼が自分の力で何とかできたり，今なら何とかできるようなものでもないのです。コントロールできないからといって，彼の失敗ではありません。悲しみをコントロールしようとしても，うまくはいかないでしょう。悲しみというものは，表現しながらともに生きていくものであって，コントロールしようとするようなものではないのです。

　アメリカ人は楽観的で創意工夫があることで知られており，大きな課題を克服する能力に長けていると自負しています。宇宙工学者は小惑星ベンヌから岩石のサンプルを採取しましたが，この惑星は非常に遠くにあるので，採取された岩石が地球に戻り調査できるまでに，3年かかります[15]。病気を克服し，コントロールするのは，そのように明確に行えるものではありません。今のところ，世界中で根絶された病気は天然痘だけです。ポリオはほぼ撲滅されましたが，ワクチンへの不信感がある場所では，まだ発生しています[16]。新型コロナウイルスの場合，もっと多くの人がワクチンを接種すれば，致命的なパンデミックではなく，風邪や季節性インフ

ルエンザのような軽症ですむ風土病になるかもしれません。新型コロナウイルスですら，このあとも撲滅という終結はないように思えます。私たちにはウイルスを減ぼす力はありませんが，自分に対するその影響を軽減する力はあります。残念ながら，予防接種を受けることは自分の自由が脅かされることだと考え，拒否する人もまだいます。今や新型コロナウイルスを制御する力は，科学者や医療専門家の手から自分自身のため，そして隣人のために，免疫力を高めるワクチン接種を受け入れるかどうかを決めなければならない一般市民の手に，委ねられるようになってきました。

　医療従事者や保健・福祉領域の人々は，人間の病気や疾患を治すための教育を受けているので，患者が亡くなった場合，それを自分の失敗とみなすことがよくあることは理解できます。パンデミックが起こっている間，医療従事者や保健・福祉の従事者は，発病した患者の命を救うため，劣悪な状況下での長時間労働に疲弊していました。しかし，病院内の危険なほど混み合った労働環境のなかであっても，治療や処置に熟達していました。常に治療に成功したわけではありませんが，最善を尽くし，何が有効で何がそうでないかを試行錯誤しながら学んでいきました。そのことも，耐えがたいほどのプレッシャーのなかで，新しい工夫がもたらしたコントロール感と言えます。実際，このパンデミックにおけるヒーローは，新しい治療法や治療のあり方を発見した医師や看護師，そしてワクチンを開発した科学者たちなのです。

## ■アイデンティティの再構築

　愛する故人との関係性のなかで自分が誰であるかが分かるには，自分が何者で，何をし，どのように行動するかについて，心の中で再構築する必要があります。愛する人がいなくなった今，私は誰なのでしょう。親の介護をしているのであれば，私はまだ子どもなのでしょうか。配偶者が行方不明になっても，私はまだ結婚しているのでしょうか。あるいは亡くなっ

ている場合には，どうでしょうか。私の家族内での役割，家族の儀式†8や決めごとは，今，どのようになっているのでしょうか。

　夫が亡くなったとき，この疑問は私にとって現実のものとなりました。10年前，夫に介護が必要になったとき，私は妻だけであった自分のアイデンティティに，介護者である自分も加えました。彼が亡くなった今，再び自分のアイデンティティを変化させる必要があります。今の私のアイデンティティは，妻でも介護者でもなく，未亡人です。この新しい自分は，サイズが合わない重いコートを着たような不慣れな感じがします。新しいアイデンティティを確立するには時間がかかりますが，いずれたどり着くことでしょう。

　病気の末期であると診断され，その後，病状の進行が止まった人たちも，同じように時間がかかると言っています。彼らは自分が死にゆく身なのだと思ったときに，それまでのアイデンティティを死にゆく患者としてのアイデンティティに変更し，治療が奏功し病気が寛解した後には，生きる方向に向かうアイデンティティに再び変えなければならなかったと，私に語りました。このように，あいまいに何かを喪失したときと同様，あいまいに何かを獲得した場合にも，自分自身がどういう状況で，これからどのようになり得る可能性があるのかという部分に変化が起こります。つまり，何を失い，何を得たかがはっきりしないために，アイデンティティが混乱するのです。寛解期にある末期患者のように，新型コロナウイルスの患者も，死が目前に迫ったときには，同じようなアイデンティティの変化を起こしているかもしれません。もし，それまでウイルスがデマだと言っていた人たちに同調していたのなら，ものの見方に対して，今は考えを変化させているかもしれません。

　ワクチンが導入された今，新たな課題が浮き彫りになっています。その

---

†8　家族療法では，家族の儀式を重視する。ここでいう儀式とは，何らかの象徴的な意味を持って，特別なときに家族や地域でなされるものを指し，家族内のつながりを高め，地域社会からのサポートを得られる機会と捉えている。

なかでの重要な疑問は，次のようなものです。自分は誰であり何を考えているのか，自分のコミュニティには誰がいて，誰とは考えが似ているのか，そしてこれらのことを変えていくに十分なレジリエンスを自分は持ち合わせているのか。自分が信じていることを同じように信じない人に対しても，自分は親切に接することができるのか。また，別の見方をすれば，子どもたちは成長し，親たちは死んでいきます。仲間もやがて死ぬでしょう。一生の間に，喪失と変化が積み重なっていきます。そのため，私たちは柔軟さをもって成長し，自分が誰であり何をすべきかについて，その時々に応じて変化させていかなくてはならないのです。このように，私たちはまず自分が生き抜くために自分を変化させますが，この問題は私たち個人の問題にとどまりません。

　アイデンティティというものは，社会的に構築されます。私たちが何者であるかは，周囲の人々によって形作られます。そのため，孤立しても何の役にも立ちません。喪失に対処し，自分が誰で，何をするのかという変化に対処するためには，ほかの人にあなた自身の話をし，あなたもほかの人の話に耳を傾けることが助けとなります。新たなアイデンティティを持った自分を試してみてください。そして，セラピスト，カウンセラー，仲間など，それについて自分にフィードバックしてくれる人の話に耳を傾けてください。ほかの人たちは，あなたが今の自分を発見する鏡の役割を果たしてくれるでしょう[1]。

　たとえば，家族のアイデンティティや役割は，フェミニズム運動による社会的圧力によって大きな変化がもたらされ，料理，育児，収入を得るといった家族の役割を，性別と結びつけて考えることはなくなりました。女性たちが自らを専業主婦と呼んでいた私の若い時代とは異なり，今ではその呼び名はあまり一般的ではなくなりました。家族のアイデンティティは，今は性別や役割などではなく，家事を柔軟に分担することを基本に形成されるようになり，そのような柔軟な役割分担が，レジリエンスを備えた夫婦や家族を生み出すことにつながっています。

　では，実際，何をすればよいでしょうか。たとえば，変化する／しないに対して，自分がどの程度の柔軟性を持っているのか発見してみましょう。私の場合は，法的な書類で，「既婚」の欄にチェックを入れることができなくなりました。自分の心に反していても「未亡人」の欄にチェックを入れるしかないので，そこははっきりしています。そこに柔軟性はありません。あなたの状況はどうでしょうか。誰があなたに共感し，サポートしてくれますか。それは，親族，友人，職場の同僚，遠方の知人，聖職者，セラピストやカウンセラーなどでしょうか。喪失体験のあと，今のあなたがどんな人になろうとしているかを，鏡のように映してくれる誰かを見つけ，その人からフィードバックをもらうのもよいでしょう。信頼できる人に自分の話をし，その人の反応に耳を傾けてください。

　今のところ，私は自分のアイデンティティを再構築するのに苦労しています。なぜなら，私は自分が持っていたものを愛していたからです。私は永遠に研究者であり，家族療法家であり，母親，祖母，義母，姉妹，叔母，大叔母，従姉妹でもあります。しかし，つい先ごろ分かったのは，私はもう妻ではないということです。そのアイデンティティは失われました。

　自分がどう変わるのか，何をするのかを語るにはまだ早すぎますが，自分のアイデンティティを再構築することがどんなに大変なことかを，今回のことでまたしても唐突に思い知らされたのです。私はこれまで，独身，結婚，離婚，再婚，そして未亡人，という人生を歩んできました。私はもう，結婚した人の妻でもなければ介護者でもありません。私は今，新しい自分のあり方を見つけなければならない未亡人なのです。この年齢でこの変化は難しいことですが，それでもいずれは落ち着くでしょう。

## ■両価的な感情を正常なものとみなす

　心理学では，相反する気持ちや感情を同時に持つことを，両価的な感情

と言います[*6]。私たちは同じ人に対して，愛と憎しみ，喜びと苦しみ，あるいは怒りと愛情を同時に感じます。詩人のシャロン・オールズは，死にゆく父親についてこう書いています。「私は父が大嫌いだったので，死ぬのを見たかった。ああ，私は彼を愛していたのだ」[17)]。詩人アン・セクストンの娘，リンダ・グレイ・セクストンは，いつもはうつ状態の母親が100パーセント観客に気持ちを向けて舞台で演じているのを見たときの，両価的な感情についてこう書いています。「その瞬間，私は彼女と彼女の持っている力をすべて嫌いになりました。そしてその瞬間，私は彼女と彼女の持っている力のすべてを愛していました」[18)]。

　両価的な感情は，あいまいさが生み出す「子ども」のようなものです[19)]。喪失がはっきりしない状況では，失った人に対して，怒りと悲しみ，愛と憎しみといった感情が混在します。そのような相反する感情は，身動きの取れない罪悪感や不安を引き起こすことがあるので，誰かと話をし，両価的な感情の負の側面を認めて対処することが必要です。

　心の中に相反する両方の感情があるということは，障害とはみなされませんが，迷い，混乱，優柔不断，やるべきことが先延ばしされることがあり，それぞれが問題になる場合があります。たとえば，あいまいさへの耐性，別の言い方をすると，あいまいさに耐える力があれば，相反する考えで動きが取れなくなることはないでしょう。しかし，AかBのどちらかといった二項対立的な思考をし，正確な答えを好む人は，両価的な感情による苦痛が大きくなりすぎて，何か間違っているかもしれないという考えを否定したり，物事に終結を求めて，どちらかが必ず正しいという絶対的な解決策に飛びつくのです。

　私があいまいな喪失を経験している人々にセラピーを行うときはいつも，その人に両価的な感情があることが分かると，それは普通に起こることであると伝えていました。両価的な感情は，ほとんどの場合，その人の

---

[*6]　オイゲン・ブロイラーは1910年の講演で，この言葉を初めて使った（Bleuler, 1910）。私の著書（Boss, 2006）の「両価性」に関するブロイラーの記述を参照。

個人的な欠陥からくるものではなく，周囲の混乱した環境から引き起こされるものだからです。これを「社会的な両価性」と言います [20], [*7]。社会的な両価性を扱うときには，システムの中で起こるさまざまな関係性や状況，経過などの文脈が重要となります。両価的な感情は，間違った決断をするのではないかという心配や，その決断力を阻むような，社会的な環境要因から生じることがしばしばあります。社会心理学的に両価的な感情をとらえるこの視点は，その人の問題の原因を外在化し，私たちの混乱した感情を受け入れやすくしてくれることにつながります [20]。

　もし，私たちが混乱やあいまいさという状況の中で生きていくとすれば，そのような社会的な両価性を知ることが自分の混乱した感情を認める助けとなるので，不安や罪悪感に対処できる可能性が高くなります。このような厄介な感情に対処するためには，精神的な強さとレジリエンスが必要です。社会心理学者のレオン・フェスティンガーは，このような不快な感情を「認知的不協和」と呼んでいます [21], [*8]。一方で，認知的不協和を起こす両価的な感情がすべて，私たちのストレスを増大させるわけではありません。たとえば，行方不明者家族が他に代替となる考えがない場合，「問題など何もないのだ」とか，「その人は死んでしまい，もう決して帰ってこない」と決めつけてしまうほうが，ストレスを増す場合があります。このような場合は，両価的な感情の状態にあることで，かえってストレスを軽減するかもしれません。しかし，そこには重要な注意点があります。亡くした人への相反する気持ちを持ち続けるにしても，私たちは変化し，

---

*7　モンテシノス（Montecinos, 2020）は，現実の社会状況が不協和のプロセスにどのような影響を与えるかについて，さらなる研究が必要であると求めている。私は，あいまいな喪失は，認知的不協和の原因となる現実にある社会状況の代表例であると提言する。

*8　社会心理学の観点から，両価的な感情は，二つの信念が矛盾するときに人は否定的に喚起する認知的葛藤（これを不協和と呼ぶ）を経験するという認知的不協和理論（Festinger, 1957）と密接な関係を持っている。不協和が起こると嫌悪感が引き起こされるため，人は，片方の信念を変えることでそれを軽減しようとする。詳しくは，サワッキら（Sawacki et al., 2013）を参照。

新しいやり方で人生を前に進めることが必要となります。ただ待ち続けることはできません。私たちは，かつてあった姿を望み続けることはできないのです。

　残念ながら，両価的な感情は，人を分断することがあります。「AかBかどちらか」という二項的な考え方をする人は，妥協したり，相反する感情を同時に抱くことが，少ない傾向があります。怒りや嘘が国を二分する状況が続くなか，相反する感情が，家族や友人の関係性にまで波及してしまうのは当然のことです。激しい意見の対立が噴出することもあります。相手を愛していても，その人の持つ信条が原因で，同時に憎いと感じたりします。その人と会うと，嬉しいと同時に悲しい気持ちにもなります。そのようなとき，私たちは互いへの扉を，永久に閉ざしてしまってはいけません。話し合うための扉は開けたままにしておきましょう。急にその人の前から姿を消してしまうことは，良い解決策とはいえません。

　この未曾有のあいまいな時代のなかで，自分自身と家族を癒すためには，家族，コミュニティ，国家，世界といったあらゆるレベルで互いの相反する感情を認め，それを避けられないものと考え，より大きな善や幸福のために，変化を進めていくことのできる指導者の存在が必要となります。時として両価的な感情は，有用であるとさえ言えるかもしれません。なぜなら，民主主義においても家庭においても不可欠な「折り合いをつける」ことを可能にしてくれるからです。

　政治に積極的に関与する立場であっても，家庭で子どもや体の弱い老人を介護している立場であっても，どう行動すべきか，何をすべきか，何を信じるべきかに関して，両価的な感情を持つことは自然なことです。しかし，次のことも意識しておきましょう。躊躇していると何も行動しないことにつながることがあり，状況を良い方向に変えていくという自らの力を発揮できなくなることに私たちは気づくべきです。こういった理由から，私は常に「A and B思考」や「パラドックス」を，否定的なものではなく，前向きに生きることと結びつけてきました。私たちは，自分の喪失の

状況が明らかになるまで，躊躇したり，待ち続けることはできません。た
とえ完璧でなくても，前に進むために可能な限り最善の決断をしなければ
ならないのです。

## ■新しい愛着のかたちを見つける

　愛着理論の創立者である心理学者ジョン・ボウルビィは，配偶者を亡く
した寡婦や寡夫について，そして亡き人との継続的な結びつきを持ち続け
ることの価値について，このように書いています。「継続する絆の価値と
は，まさに，亡くなった配偶者への愛着の気持ちを持ち続けたいという気
持ちによって，自分のアイデンティティが保たれ，そして，自分にとって
意味ある方向に人生を再構築できる，そこにあると言えます」[22]。またし
てもパラドックスです。愛する亡き人との絆を持ち続けることで，人生を
前に進めることができるのです。

　深く愛し合ってきた者同士の一方が亡くなったとき，いなくなったその
人を心の中でも手放してしまうのは，誰にとっても気が進まないことで
す。夫が亡くなって数カ月経った今，私はそれを実感しています。終わり
というより，移行という言葉がぴったりくる気がします。主人が明らかに
いなくなっても，私が主人に渡した結婚指輪は，主人が私にくれた薬指の
指輪の隣りで，私の中指にはめられています。それは私にとって，ずっと
今なお続いている絆の象徴です。専門家として喪失のパラドックスについ
ては，頭では分かっていますが，今，私個人として，また新たな感じが芽
生えています。夫が逝ってしまったことは，頭では分かっています。息を
引き取ったとき，私は一緒にいましたから。しかし，象徴的な意味におい
ては，彼はまだ私と一緒にここにいるのです。

　人によってはそう考えない人もいますが，愛する人を失った後に再び人
生の喜びを見つけるということは，その人への愛着に区切りをつけて新し
い愛着対象を見つけることができた，という意味ではありません。たとえ

他の人との関係性が深まったとしても，今はもういないその人との関係性を終結する必要はないのです。結局のところ，私たちは一生の間に経験してきたすべての人間関係の積み重ねの上に，今の私たちがあります。古い関係性も新しい関係性も，良い関係性も悪い関係性も，すべては私たちの今を作ってきたものなので，私たちはすべてを抱えて生きていくことができるのです。

　私たちが心に留めておくべきことは，失った人に対する心の整理をつけたとしても，少しずつ新しい方法で人生を再構築していくなかで，その人を心の中に存在させ続けることです。しかし，これには時間がかかります。そして，周囲の人たちのなかには，忍耐が必要となる場合があります。うまくいけば，いずれは新しい人生の目的を見つけたり，新しい友人を作ったり，新しいプロジェクトや社会貢献に参加することができるでしょう。または，人生の目標は，亡くなった人の代わりに，あなた自身が喜びと感謝をもって生き続けることかもしれません。亡くなったその人は，もはやそうできないのですから。

　今日，長いパンデミックの間，面会する人の安全を確保できないという理由で，愛する人と会うことさえできなかったという話を，私たちはたくさん耳にしました。大切な人が亡くなることを知りながら，そばにいて看取ることもできない苦悩が，あらゆるところに溢れていました。それに加えて，葬儀という儀式を通して慰めを得ることも許されず，そのことが，悲しむ人たちの深い心の傷になりました。それだけではありません。1年以上も大切な人と一緒にいることが許されず，孤独がウイルスのように蔓延しました。

　夫は新型コロナウイルスではない問題で入院していましたが，私が夫と過ごす時間も制限されました。会えても短時間で，しかも防護服を着たときだけでした。悲しいことに，そのため普通に触れることはほとんど不可能でした。そのことが今でも悔やまれます。最期の数日はそこから別の場所に移り，もっと頻繁に会えるようになりました。そのとき最後まで夫と

一緒にいられることに感謝しましたが，そのような機会を与えられない人が病院にたくさんいることも知りました。

　もう一度お伝えしますが，私たちが愛する亡き人についてどのように考えるかには，それぞれの文化が影響しています。死後に愛着のかたちを再構築するために，東洋の文化では，亡くなったり行方不明になった幼児や子どもを見守る先祖とのつながりを持つよう勧めることがたびたびあります。西洋寄りの考え方では，悲しみを終結させ，喪失を克服し，再び生産的に活動することを目指す傾向があります。私たちアメリカ文化では，苦しみ続けることに対する不快感があります。喪失が自分のことであれ，他人のことであれ，それを失敗と見なし，その後に続く悲しみに耐えきれないのです。

　世界的なパンデミックによる死亡者数の現実の厳しさを考えると，今，私たちに必要なことは，悲しみにくれる何百万人もの家族に対し，終結しなさいと言わずに，忍耐強く，共感をもって関わることです。そして，もし自分が遺族であるなら，終わりのない悲しみを持ちながら生きていくといった，自分自身への忍耐力がもっと必要です。悲しみを終結するという考えを受け入れるのではなく，むしろ亡くなった人への愛着を，ゆっくりと新しい形に変えることから始めていきましょう。その愛着が安定したものであったとしても，不安定なものであったとしても，喪失の現実を受け入れましょう。愛するその人はいなくなったのです。それは，人生は以前のままではなく，変わってしまったことを意味しています。亡き人との絆も形を変えました。残された私たちは，「残酷な痛み」に直面しているのです[9]。

---

[9] 「残酷な痛み」という言葉は，『ヨブ記』（Mitchell, 1992, p.21）に書かれている。

## ■新しい希望を見出す

　もし，あなたの愛する人が物理的にあるいは心理的にいなくなって，しばらく経つのであれば，待ち続けるのをやめて，新たな方法で人生を前に進めるきっかけになるような，何か新しいことに希望を持つことから始めてください。そのために，私は「新しい希望を見出す」という言葉を使います*10。ここでは，何か希望を感じる新しいものを見つけることを目指します。40 年以上にわたって，さまざまなあいまいな喪失を経験した人たちと接してきましたが，そのなかで私が，将来のために何か新しいことを想像するように勧めてみると，ほとんどの人はそのことに対する抵抗はありませんでした。それは失われた人を取り戻すためではなく，自分自身を取り戻すために，彼らに希望を与えるきっかけになったように見えました。私が投げかけた質問は，次のようなものでした。その人がいない今のあなたの人生は，どのようなものですか。今，あなたは何になれそうでしょうか，あるいは何をすることができそうでしょうか。ずっとやりたくてもできなかったことは何ですか，この人との関係が始まる前，あなたはどんな人でしたか。私は，これらの質問を投げかけることによって，認知症の介護をしてきた人たちが，はじめて介護者としてではなく，自分自身の人生を探し求め，自分のニーズについて考える姿を見てきました。米国同時多発テロの後では，行方不明者のパートナーたちが世帯主となって収入を得る必要があるため，学校に入り直し，仕事や専門的職業について学ぶことを考える姿も見られました。このような問いかけは，同じよう

---

*10　ここで，重大な誤解を解いておかなければならない。もともと私は，2006 年にこのガイドラインの項目を「希望を見出す（Discovering Hope）」とした（Boss, 2006）。残念なことにこのタイトルは，行方不明者が戻ってくることを，行方不明の兵士がジャングルから出てくることを，離婚したパートナーが戻ってくることを，認知症の愛する人が回復することを，願い続けるのを奨励しているのだと憶測させてしまうものだった。それは，私が最初に意図した意味とは，まったく異なっている。

な喪失を経験した仲間やセラピストと一緒に行うことが最良ですが，一人
で行うこともできます。

　そこで私が見たのは，新たな希望を求めるなかで見せる驚くべき創造性
でした。たとえば，米国同時多発テロ事件の後，夫が行方不明になった女
性たちは，お互いの子どものベビーシッターをしながら，英語を学ぶため
に学校に行ったり，職業訓練を受けたりしました。彼女たちは今や一家の
稼ぎ頭であり，そのように工夫して協力し合うことにより，新しい希望が
現実のものとなったのです。

　このような新しい希望や夢を発見する一方で，行方不明者の家族のほと
んどの人が，夫が最終的に生きているのかいないのか，その結論は分から
なくていいとも思っていました。そして，「彼は目の前からいなくなった
けれど，まだ私のそばにいる」といった考えが病的なものとみなされない
ことで，自分自身でもこの考え方で良いのだとノーマライズ†9できると言
いました。彼女たちは，すでにその時点では別の確固たるものを手に入れ
ていたので，生きているのか・いないのかといったといったことにこだわ
らず，あいまいな状態を受け入れることができたのです。

　ただし，「A and B 思考」だけでは，新しい希望にはつながりません。
新たな目的や人とのつながりを持ちながら，実際に行動を起こし，前に進
もうとする動機づけがあってこそ，有効なのです。「A and B 思考」それ
だけでは十分ではありませんが，その考え方は，愛する人がいないなかで
も，新しい生き方を想像する力を与えてくれます。

　遺体や DNA による証拠，あるいは末期的な病気から快復したという医
学的な証拠が出るまでは，あいまいに失われた人の運命は誰にも分かりま
せん。もし，私たちがこのような喪失の状況のあいまいさにも目を向け，
それを認めることができれば，残された人々はそれほど孤独を感じること
はないでしょう。孤独感が薄れ，支援が増すことで，レジリエンスは高ま

---

†9　英語の動詞，normalize の日本語訳。「普通のことだと捉える」「特別なことではない
　　と考える』の意味。

ります。失った人を待ち続けることへの執着が少なくなり，変わることに可能性を見出そうとするようになります。つまり，望む結果にしがみつくだけでは駄目なのです。それは，自分自身のためにも，自分を頼りにしている人たちのためにもなりません。生活が元に戻ることを執拗に望むのではなく，何か新しいことを望まなければならないのです。

　最後に，たとえ行方不明者が発見された後でも，深い喪失感が生じる可能性があることを，私たちは認識しておく必要があります。私には，トム・ハンクス主演の映画『キャスト・アウェイ』や，無数の実際に起きたケース，米国同時多発テロの行方不明者の何人かが生存して発見されたこと，あらゆる戦争で行方不明になった多くの兵士らが，生死にかかわらず発見されたことなどが思い起こされます。パイロットだったフランシーヌ・デュプレシックス・グレイの父親は，第二次世界大戦中に行方不明になりましたが，何年も後に墓に埋葬されていることを娘が見つけました。『キャスト・アウェイ』では，フェデックスの社員が乗った飛行機が南太平洋の無人島に墜落し，彼ひとりが取り残されます[23),24)]。あらゆる困難にもかかわらず彼は生き残り，数年後に救出されます。故郷に帰ると，彼の婚約者はすでに他の人と結婚していました。それは彼にも彼女にも，痛みを伴う別の喪失感を生みます。行方不明だった男性にとって残された唯一の選択肢は，新しい人生を心に描くことしかないのです。

　希望がかなったときでさえ，変化は起こります。行方不明者が発見されたり，テロリストに誘拐された少女が帰国しても，家族や村から受け入れられず，スティグマ（汚名）を着せられたりする場合，生きて戻ったとしてもまた苦悩が生じるので，そこには変化が必要です[25),26)]。私たちが望むべきなのは，以前の状態に戻ることではなく，現在と未来に何を生み出せるか，ということです。ただ待つのではありません。自分の選択肢を探すために，ほかの人と交流する時間を持ちましょう。そして，他の人とどんなことができるのかブレインストーミング[†10]しましょう。新しいことに挑戦しましょう。喜んで変化に対するリスクを受け入れる気持ちで，人

生がどんなふうに変わっていくのか，イメージしてみましょう。残りの人
生であなたを支え，喜びを与えてくれるであろう，何か新しい目的のある
ものを求めていきましょう。

■　■　■

　レジリエンスの指針が明確になったことで，意味を見つけることが，新
たな希望を見つけることにつながりました。図7-1 に示されているよう
に，コントロール感，アイデンティティ，両価性，愛着はすべて，相互
に，そして特に始まりも決まった順番もなく，私たちが喪失や悲しみに対
処する力に影響を与えています。そしていずれの項目も，私たちが喪失の
痛みに耐えることができるように，レジリエンスを高めてくれます。
　もう一度，強調しておきますが，このガイドラインは，直線的に進むも
のでも，決められた順番で使うものでもありません。また，段階的なもの
でもありません。なぜなら，段階は終点があることを意味しますが，悲し
みには終点がないからです。今すぐ自分に当てはまるガイドラインの項目
を選び，そこから始めてください。そのとき，「意味を見つける」ことと
「新しい希望を見出す」ことは，つながっていることを知っておいてくだ
さい。ヴィクトール・フランクルの言葉を言い換えれば，希望のないとこ
ろに意味は見出せず，意味を見出せないところに希望はないのです[5]。ど
ちらか一方がなければ，もう一方を手に入れることはできません。このガ
イドラインの輪が，あなたが今背負っている喪失の悲しみを軽くし，より
強く成長する助けとなることを願っています。

---

†10　評価せずにアイデアを出し合うことによって，さまざまな発想を生み出すこと。

# 第**8**章
# もし悲しみに終結はないとしたら，
# 通常の悲嘆とはどういうものなのか
## *If Not Closure, What's Normal Grief?*

> 喪に服している間，たとえ，これまで普通だと思っていた人生の捉え方から大きく逸脱していても，それを病的とみなし，医学的な治療が必要な状態だと，私たちがみなすことはありません。
>
> フロイト──『悲哀とメランコリー』

　本書では，喪失とその意味合いについて述べてきましたが，悲しみについてはあまり多くは書いてきませんでした。でもどうやら，そのことについて書くときが来たようです。2020年，新聞にはこういった見出しがありました。「新型コロナ危機爆発」「絶望的な状況」「死者の急増」[1]，「恐ろしい死者数」[2]。この原稿を書いている2021年夏現在，一部の地域や国では遺体安置所に遺体が収まらないため，かわりに冷蔵設備を持つトレーラーに遺体が積まれています。世界では400万人以上が，新型コロナウイルスとその変異株で死亡しています[3]。自覚があろうとなかろうと，私たちは悲しみの中にいます。国全体が悲しみの中にあるのです。

　このような異常な時代に，どうしたら普通に悲しむことができるでしょうか。私自身，その方法を探っているところです。専門家として，私は悲嘆の病理的側面については教えられましたが，正常な悲しみ方についてはあまり教えられてきませんでした。私たちの悲しみ方は，それぞれの文化によって形づくられることは知っています。そのため，どうすれば普通に

悲しむことができるのかという答えは，私たち一人ひとりによって異なるものとなります。

■　■　■

　私の原点でもある故郷のウィスコンシン州ニューグララスを訪ねることは，今ではめったにありませんが，そこに行くとお墓を訪ねます。そのお墓には，年老いて亡くなったスイス系アメリカ人である両親や，若くして亡くなった姉，そして13歳で亡くなった弟のエディが眠っています。

　エディの死は，1950年代に流行したポリオという疫病が流行するなかで起きました。私はそのとき，彼の死による苦しみから解放されたいと願うのと同じくらい，エディの死によって，「悲しみの終結」など神話のようなものだと初めて学んだのです。彼の笑顔，エネルギー，人なつっこさ，茶目っ気など，私はこれからも決して忘れることはないでしょう。エディは66年前に亡くなりましたが，今回のパンデミックの間，私は彼を亡くしたときの喪失感をしばしば思い出していました。エディの最後の写真は私の頭上の本棚にありますが，私がエディのことをよく思い出すのは，もう一人の弟であるジョンと一緒にいるときです。ジョンとエディは，11カ月違いで生まれた仲良し兄弟でした。母は仕事が忙しかったので，兄弟たちの世話は私の担当でした。10代前半の頃，ジョンとエディが一緒にサマーキャンプに行ったすぐあと，エディは病気になり，そして亡くなりました。あっという間の出来事でした。それは，現在の新型コロナウイルスによる多くの死と似ています。

　当時，私はエディが入院していた病院と同じ敷地にあった，ウィスコンシン大学マディソン校のキャンパスに通う19歳の大学生でした。そのときは，現在の新型コロナウイルスとは異なり，私は彼を見舞うことが可能でした。彼は子どもたちがたくさん詰め込まれている大きな部屋で，「鉄の肺」と呼ばれていた人工呼吸器が装着され，みんな同じような筒状の鉄

製の箱の中にいました。エディが生きているのは，機械が呼吸を補助しているからにほかなりませんでした。私は彼の髪を撫でながら，「愛しているよ」と言いました。しかし，彼の返事はありませんでした。彼は最も重いタイプの球型ポリオで，脳幹にもダメージを受けていました。そして，わずか数日後に亡くなりました。ショックでした。「もう私に幸せが来ることはない」と，心の中で叫んだことを覚えています[*1]。

　エディの葬儀が終わると，町中の人が小さな家に集まってくれました。そのなかには，エディの棺を担いでくれた，中学時代のフットボールチームのメンバーもいました。私はそのようなときも一人になりたくて，ひっそりと外に出ました。私が泣くのを邪魔する人はいなかったし，幸いなことに，「人と会わないのは失礼ですよ」とか，「これらはすべて神の思し召しだから」「きっと時が解決してくれますよ」などと言う人もいませんでした。実際，多くの隣人や友人がそばにいてくれたことや，彼らが親切にしてくれたことは，私や家族には大きな意味がありました。たとえば，食べ物を持って来てくれたり，車に乗せてくれたり，家事をしてくれたり。当時のことを振り返ってみると，私たちのスイス系アメリカ人のコミュニティでは，言葉よりも相手のために行動するほうが重要でした。このことは，文化によっては，今でも変わらないものでしょう。

　私がこの話を語るのは，たとえその喪失感に打ちのめされたとしても，私は本当に幸せなときが何度もあったことを，読者の皆さんに知ってほし

---

[*1]（原注）　1952年だけでも6万人近い子どもたちがポリオウイルスに感染し，数千人が麻痺患者となり，3千人以上が死亡した。病院ではポリオの感染者を生存させるため，鉄の肺が使われた（Beaubien, 2012）。1921年，フランクリン・デラノ・ルーズベルトはポリオに感染し，一生麻痺が残った（https://www.fdrlibrary.org/polio）。1933年，彼はアメリカ大統領に就任した（https://www.fdrlibrary.org/fdr-presidency）。大統領在任中のほとんどの期間，彼は歩くことができず，車椅子に座っていた。彼はポリオワクチンを開発中の科学者を支援するために，非営利団体マーチ・オブ・ダイムズ（March of Dimes）を立ち上げた（https://www.fdrlibrary.org/polio）。ワクチンが開発され，利用できるようになった（Beaubien, 2012）のは，ちょうど私の弟が亡くなった直後だった。

いからです。多くの喪失を経験しましたが，これまで私の人生は特別と思えるほど素晴らしいものでした。皆さんのなかには，パンデミックやその前後で，愛する人や同僚，隣人を亡くされた経験があるかもしれません。率直に申し上げますが，皆さんは打ちのめされてしまうかもしれません。そこから起き上がって再び良い人生を送るかもしれませんが，失った悲しみから完全に立ち直ることはないでしょう。これからも悲しみに終結はなく，そしてその必要もないのです。終結するかわりに，私たちは愛する人を思い出し，その人々が心の中に存在し続けることと，実際は存在しないことのあいまいさとともに生きることを，私たちは学ぶのです。私の前からいなくなってしまった，と分かったあとも，その人々はあなたの人生とともに，あなたの心の中に存在し続けます。その人たちはあなたの心の家族の一員となるのです。

## ■正しい悲しみ方というものはない

　先に断っておきますが，私が「通常の（normal）悲嘆」という言葉を使うとき，それは決して悲しみの表現に一つの正しい形があるという意味ではありません。むしろ，悲しみというものは文化や地域によってその表れ方が異なりますが，前に進めない状態が何年も続くようなものであってはいけません。健康的に自然に悲しむ[†1]ということは，悲しみを抱えながらもやがて日常生活を送れるようになり，自分や他者を大切にし，再び人生に喜びを見出すようになる，そういった悲しみ方を意味しています。
　本章の冒頭に掲げたフロイトの言葉は，通常の悲嘆を，「これまで普通だと思っていた人生への捉え方から大きく逸脱する」としながらも，それは医学的な治療を必要としないものと定義しました。ただ，この意味は少

---

[†1]（訳注）　喪失後の悲嘆は，多くは時間とともに減弱する正常悲嘆であり，悲しむことは「自然な反応である」と考えられている。自然に減弱する正常悲嘆は，介入や治療の必要はない。

しあいまいなので，もう少し分かりやすく説明しましょう。フロイトは，通常あるいは正常な悲嘆過程である「喪（mourning）」と，現在ではうつ病の一つと考えられている「メランコリー（melancholia）」とを区別していたのです。しかし，残念ながら，悲嘆を正常なものとみなす初期の見方は，病気としての悲嘆を強調する精神病理の領域では，ほとんど注目されてきませんでした*2。

　一方，私はよく喪失体験後の人の反応や行動に関して，「これは通常の反応ですか？」と聞かれることがあります。その答えは，イエスであることもあれば，ノーであることもあります。多くの場合，答えはその中間域のどこかにあります。気になる行動や感情がどれくらいの期間続いているかによります。まさに進行中のパンデミックにより，世界中で何百万人もの死者が出ている今，私たちはどんな状態が通常の悲しみとみなされ，どんな状態が専門家の助けを必要とするのかを知る必要があります。

## ■通常の（normal）悲嘆とは何か

　通常の悲嘆とは，大切な人や物を失った後に感じる深い悲しみや痛みなど，ある程度予測される自然に起こる反応のことを言います4)。文化や状況によって違いはありますが，悲しみ方に，何か一つの正しいやり方があるわけではありません。

　通常の悲嘆には，一見，大うつ病の症状と似たものが多くあります。たとえば，空虚感，疲労感，食欲不振，不眠，喜びを感じられない，ときには罪悪感，といったものですが，通常の悲嘆かどうかを見極める二つの重要な徴候があります。一つは，こうした症状は数週間から数カ月の間に少しずつ和らいでいきます。もう一つは，自分に価値がないと感じたり，ひどく自己嫌悪を感じたりはしない，ということです5)。

---

*2　DSM-5（American Psychiatric Association, 2013）に正常な悲嘆（死別反応）の記載が除外されたことについては，今なお議論されている。

通常，数週間から数カ月後には，私たちは仕事や日常生活を再開することができますが，多くの場合，以前のようには遂行することができず，喪失前には感じることがなかった倦怠感を伴うこともあります。大きな喪失後に感じるこのようなエネルギーの欠如は珍しいものではなく，また，喪失の悲しみは，研究者が「振り子」と呼ぶような波があり，行ったり来たりするものです[6]。しかし，時間が経つにつれて，これらの悲しみの波が起こる頻度は少なくなります。悲しみが完全になくなることはないかもしれませんが，悲しみの時間ばかりではなくなっていきます。私たちは再び，ささやかな楽しみを体験できるようになるのです[7]。

## ■専門家の助けが必要な場合

一方で，喪失後の悲しみの状態が通常のレベルを超え，専門家や医療による支援が必要な場合もあります。あなたがもし，自分の人生など生きる価値がないと思っていたり，著しく自己嫌悪に陥ったり，アルコールや薬物を乱用したり，また，自分を大切にできなくなった，無力感や絶望感を感じている，愛する人と一緒に死ねばよかった，自殺を考えている，といった場合は，すぐに専門家の助けを求めてください。これらの徴候は，あなたの生命を脅かすものです。また，数カ月あるいは1年経っても悲しみが非常に強く，日常生活を送るのに支障をきたすような場合も，専門家の助けを求めてください[8]。繰り返しますが，自殺を考えている場合は，すぐに信頼できる人に話すか，専門家の治療を受けるか，自殺防止ライフライン[†2]に電話してください。

---

†2　日本では，厚生労働省のホームページに，電話相談の一覧が記載されている（https://www.mhlw.go.jp/mamorouyokokoro/soudan/tel/）。「厚生労働省・電話相談」と検索しても見つかる。

■　■　■

　エディが亡くなった後，私が自分の悲しみについて語らなかったのは，悲しみを終わらせたわけではありません。むしろ私が生まれ育ったスイス系アメリカ人の家族やコミュニティの文化では，静かに悲しむことが求められていました。しかし，それから数十年後，一本の電話が私の勤務していた大学のオフィスに入り，姉のエリーが亡くなったと告げられたとき，私は思わず声を上げて泣き叫んでしまいました。聞いたこともないようなその声は，そばにいた大学の職員や学生たちをきっと驚かせたことでしょう。所属長が部屋から飛び出してきて，私に何が起こったのかを知り，慰めようとしてくれました。私は授業を終えてすぐ，飛行機で南へ向かいました。

　弟と同様，私は姉のエリーのことが忘れられません。彼女は私より生き生きとして社交的で，明るい色や大きな宝石，香水をたくさん身につけていました。店のショーウィンドウに飾られている赤いドレスを見るたびに，私は姉のことを思い出します。私は今でも彼女の指輪を身につけていますが，それは彼女が持っていたなかで最も控えめな指輪で，彼女が私にくれたものでした。彼女の子どもたちや孫たちの顔には，彼女の面影があります。生きていたら，彼女は彼らをとても誇りに思うことでしょう。私は彼女に代わって，彼らのことを誇りに思っています。

　時がたつにつれ，私は数々の喪失を体験しました。親友のポーラとニックの死，高校時代の恋人であり子どもたちの父親でもあったケンとの離婚，スイス人の良き両親であるベレーナとポールの死，その後の若い義理の息子マイクの膵臓がんによる死，そのほかにも名前を挙げるのが難しいほど，多くの友人たちの死を経験しました。そして，パンデミックの間に，人生において最愛の人である夫を脳卒中で亡くしました。

　パンデミックでは，さらに多くの喪失がありました。友人や家族と一緒

にいる自由，旅行に行ったり，いつものように仕事をする自由を失うと
いったあいまいな喪失のほかに，スイス人のいとこのロッテ，家族療法の
ハンドブックを共同執筆した友人であり同僚であるカレン，9・11後に
ニューヨークの労働組合から依頼を受けた行方不明者家族への支援で，一
緒に仕事をした友人で同僚のロレインが亡くなりました。また，同僚の一
人は自殺し，詩人の友人キャロルはアルツハイマー病で亡くなりました。
彼女は私にとって姉妹のような存在でした。

　エディの死後，私は再び幸せになれたのでしょうか。はい。私は素晴ら
しい人生を送ることができました。一方で，人を愛することの代償とし
て，私たちは喪失の痛みと悲しみを経験します。それはまた，長く生きる
代償でもあるのです。80代後半の今，私の人生において，私が愛した人，
私を愛してくれた人，私にさまざまなことを教えてくれた人，そして逝っ
てしまった人，そういった人々がすべて私自身の一部となり，私が記憶に
とどめる限り，これからもずっとそうである，と私には分かるのです。


■　■　■


　私は家族療法の専門家としての研修のなかで，悲嘆について学術的に書
かれた専門家の文章を読んできましたが，彼らの個人的な体験を記したも
のを読むほうがもっと楽しいと感じます。そこには，愛着を手放すこと
（detachment）や悲嘆を終結させることに焦点を当てた学術的文章の中で
は見られない，人間らしさのようなものが感じられるからです。1996年，
『継続する絆（*Continuing Bonds*）』という本が大きな話題となりました。
著者であるクラスら[9]は，誰かが亡くなったあとも，その人との絆は続く
ことを提唱しました。彼らもまた，そこに何か意味を見出そうとしている
のだと私は感じました[*3]。私たちの多くが経験する悲しみを理解するため
に，そして亡くなった大切な人を何らかの象徴的な形で存在させるため
に，専門家たちがどのように個人的な悲嘆や喪失について記したのか，そ

の文章を振り返ってみることにしましょう。

## ■人として，また，専門家として

### ● ジークムント・フロイト ●

　愛する娘のソフィーが亡くなったあと，1920年のスペイン風邪の流行
が長引くなか，フロイトは彼女との永遠の絆を打ち明けました。ある患者
がフロイトに，ソフィーの早すぎる死（彼女はまだ27歳でした）につい
て哀悼の意を告げたとき，彼はベストのポケットからチェーン付きのロ
ケットを取り出し，それをなでて，「彼女はここにいるんですよ」と言い
ました[10]。そのロケットの中に彼女の髪の毛が入っていたのか，写真が
入っていたのか，あるいは何も入っていなかったのかは分かりませんが，
明らかにそれは，彼にとっては娘がそこに存在しているという象徴でし
た。つまり，フロイトにとっても，喪失や悲嘆の終結はなく，娘は死後も
象徴的に存在し続けていたのです。彼の行動は，今もなお存在する娘との
絆を反映したもので，その絆に終結はありませんでした。

　1923年，フロイトはお気に入りだった孫のハイヌル（ソフィーの息子）
の死後，今度は同僚のルードヴィヒ・ビンスワンガーに宛てて，さらに
はっきりと自分の思いを手紙に書いています。その中で彼は，悲しみは完
全に終わることはない，と記しています。数年後，ビンスワンガーの実の
息子が死んだとき，フロイトはこのようなときにどうすればよいのかにつ
いて，彼に次のような手紙を書きました。

　　　このような喪失の後の急性期の悲しみはやがて鎮まるだろうことは

---

*3　今日，研究者たちは，終結を求めるよりも意味を見出すことのほうが助けになること
　について，意見が一致している（Becvar, 2001; Bonanno, 2004, 2019; Boss, 1999, 2006,
　2011, Harris, 2010; Kissane & Hoogh, 2011; Kissane & Parnes, 2014; Neimeyer et al.,
　2011; Roos, 2002; Walsh & McGoldrick, 2004）。

分かっていても，私たちが慰められることはなく，代わりになるものを見つけることなど決してできないのです。何かがその空白を埋めてくれるとしても，たとえ完全に埋められたとしても，やはり，それはその人とは違う「何か別のもの」です。そして，それで良いのです。埋められないと知ることが，手放したくない愛を永遠のものとする唯一の方法なのです [11]。

　私はこの文章に慰めを感じます。最愛の娘と孫の両方を失い，年を重ねるにつれフロイトは，少なくともひとりの死別の体験者として，個人的には絆の継続という考え方に変わっていったようです。そしてこれは，今日の研究成果にも沿う捉え方でもあります。口腔がんに何年も悩まされ，自分の時間が限られていることを知ったフロイトは，親友のマリー・ボナパルトに次のような手紙を書きました。「私の死後，あなたがやがて慰められ，私が友としてあなたとの良き思い出の中で生き続けられるようにと望んでいます。それは完全ではないけれど，私が知る唯一の不死の姿だからです」[12]。この手紙の中でフロイトは，自分が死んだとき，終結ではなく，彼女の心の中に，記憶の中に，自分を存在させ続けてくれることを，良き友に望んでいるように見えます。これらの文章にも，私は慰めを感じます。

　専門家の私にとって，おそらく最も核心に触れていると感じた文章は，フロイトが若い頃，二人の友人（一人は詩人のライナー・マリア・リルケ）と，夏の日に山歩きをしたあとに書いた無題のエッセイです。当時もフロイトの思想は博識に満ちたものでしたが，私が価値を感じるのは次のような一節です。「愛していたもの，大事にしていたものを失って悲嘆にくれることは，一般の人にとってはごく自然なことで，自明のことのようだ。しかし，私のような心理学者にとっては，喪失の悲しみというのは大きな謎だ」[13], *4。本当に，そのとおりです。そして，その謎はまだ解明されていません。しかし，今日では研究によって，通常の悲嘆とはどういう

もので，そうでない場合はどういうものかについて，より多くの一般の
人々の声を聞き，データを得ることができます。

### ●エリザベス・キューブラー＝ロス●

　同じように，死にゆくことの5段階説の名付け親であるエリザベス・
キューブラー＝ロスの著作にも，彼女の個人的な見解を見つけることが
できます。彼女の意に反して，この死に至るまでの5段階は，悲嘆の5段
階を表すように受け取られてきました。キューブラー＝ロスの最後の2
冊の本には，彼女の考え方の変化が表れていますが，人々は悲嘆の5段階
と捉える彼女の初期の考え方にこだわっています。彼女の考え方がどのよ
うに変化したかを知るためには，最後の本を読む必要がありますが，ここ
ではその要約を紹介しましょう。

　数度にわたる脳卒中によって衰弱していたキューブラー＝ロスは，亡
くなる直前に，自分自身が死に向かっているプロセスを指して「悪夢」と
呼びました [14]。彼女は日々，自分の悲しみの様相が変化していることを
認め，これまでの自分の考えが誤解されていることを残念に思っていまし
た [19]。最後の本の中で，彼女は自分の考え方は変わったと書いています。
五つの段階を通過するのにどのくらい時間がかかるのかという質問に対し
て，彼女はこのように書いています。「悲嘆は，単なる一連のプロセスや，
段階，あるいは時系列で示せるものではありません。私たちの社会には，
喪失を乗り越えるように，悲しみを乗り越えるようにという大きな圧力が
あります」[15]

　エリザベス・キューブラー＝ロスは晩年まで，自分が提唱した5段階
説の間違った用い方について修正を続けました。「五つの段階は，混乱し
た感情をきれいにまとめるためにあるのではありません。否認，怒り，取
り引き，抑うつ，受容という五つの段階は，私たちが失ったものとともに

---

＊4　フロイトの1915年のエッセイ On Transience（Freud, 1957）より。

生きることを学ぶための，枠組みの一部なのです……それらは，悲しみの時間の経過にしたがって直線上に順番に並ぶような通過点を表しているわけではないのです」16)。

　キューブラー＝ロス博士は，人生の終盤にさしかかったとき，長引く身体の麻痺に耐えがたさといら立ちを感じていたため，受容について特に考えるようになったと書いています。死の直前，彼女はこう書きました。「受容とは，私たちが経験する一つのプロセスであって，終着点となる最終段階ではありません」17)と。彼女は，5段階の理論は悲嘆の中にいる人のためではなく，死にゆく人のためのものだと言い直したうえで，自分自身が死にゆくそのプロセスに対し，いら立ちと怒りを露わにしたのです。そして，最後のほうでこう書いています。

　　9年間病気になったことで，私は忍耐を学ぶことを余儀なくされました。死は身近にありますが，まだそのときは来ていません。これまで多くの人々がそうだったように，何年も，私はここに横たわっています。ベッドは花に囲まれ，大きな窓から外を眺めています。私が最初に目撃した良い死は，この部屋のようなところでした。この数年間は私にとって，滑走路で立ち往生しているようなものでした。死んでこの地上を去ることはまだ許されず，かといって入り口に戻って人生を謳歌することも許されないのです 18)。

　彼女のほとんど最後の言葉とも言えるこの文章を読み，私はキューブラー＝ロスへの共感がさらに深まったように感じました。私たちは共にスイス人の両親を持ち，私は彼女の業績を間近に見てきました。私は彼女が提唱した5段階説という直線的な理論に同意はしていませんでしたが，社会には受け入れられていきました。おそらくその理由は，五つに明確に分かれた段階は，悲嘆というものが段階的に終結へ向かうという，一見分かりやすい捉え方を提供してくれたからだと思います。しかし，残念なこ

とに，そうではありません。そのようにすっきりいかないことを，晩年の
彼女自身が語っています。

　最後の本では，私たちに向けて，次のような最後のメッセージで締めく
くっています。

　　　死へのプロセスが私のように長引くと，それは悪夢のようなもので
　　す。私は，絶え間ない痛みと麻痺に悩まされてきました。長く人の手
　　を借りず自立した生活を送った後では，受け入れることが難しい状態
　　です。脳卒中から9年という長い歳月が経ち，死ぬことを切望して
　　います。私はそれを「卒業」と呼んでいます。私の人生の目的は，5
　　段階説で説明できるものではないと，今は分かります。5段階の本当
　　の意味は，失う人生のためだけでなく，生きるためのものであるべき
　　です。私という存在は，5段階では説明しきれない，それ以上の存在
　　です。そして，あなたという存在もそうなのです[14]。

　実際，彼女は5段階説の提唱者以上のことを成し遂げました。エリザベ
ス・キューブラー＝ロスが私たちに与えてくれた大きな贈り物は，5段階
説ではなく，世界的なホスピス運動でした。私たちは皆，自分の人生の終
わりに，彼女の成し遂げたことから恩恵を受けるでしょう。しかし今ま
た，彼女の残してくれた最後の言葉を心に刻みたいと思います。

### ● ヴィクトール・フランクル ●

　最後は，ヴィクトール・フランクルです。彼の著作は，私自身が経験し
た喪失を理解する助けとなりました。彼は，オーストリアの精神科医であ
り，第二次世界大戦中は強制収容所に収監され，ホロコーストから生き延
びた生存者でした。愛する人々を失ったあと，終結はなく，その存在はそ
の後もあり続けるという彼の考えに，私は心を動かされました[20]。彼が
意味を探し続けたことは，早期から私にとって納得がいくことでしたが，

114

今では，私たちがもし喪失の中に意味を見出すことができれば，その喪失
とともに生きていくことができると，研究結果によっても裏付けられてい
ます 6),23)-26)。彼は，死と苦しみのなか，最愛の妻を心にとどめ続けるこ
とによって，生き延びるための十分な意味を見出したのです。強制収容所
の悲惨な状況のなかから，フランクルはこう書いています。

　　私の心はまだ妻の姿にしがみついていました。ふと，ある考えが頭
　をよぎりました。彼女が生きているかどうかも分かりません。それで
　も，ただ一つ私に分かること，それは今に至るまでに私が深く学んだ
　ことでしたが，愛とは愛する人の物理的な身体をはるかに超えたもの
　だということです。そしてその愛は，スピリチュアルな存在として，
　あるいは内的な存在として，最も深い意味を見出すものなのです。彼
　女が実際に存在するかどうか，まだ生きているかどうかは，いつの間
　にか，それほど重要ではなくなっていました 21)。

　同じ強制収容所内で若い妻と引き離されたフランクルは，妻の生存を知
る由もなく，生き残るために，そしてその意味を探求するために，マント
ラのようにこう繰り返しました。

　　私の心は妻の姿にしがみつき，異常なほどそればかり思い描いてい
　ました。妻が私に応える声が聞こえ，妻が微笑み，励ますような眼差
　しが見えました。そのときの彼女の表情は，現実であろうとなかろう
　と，昇り始めた太陽よりも輝いていました。多くの詩人が歌にし，多
　くの思想家が至高の知恵であるといったものを，私は生まれて初めて
　目にしたのです。それは，愛こそが，〔人々が〕目指す究極の，そし
　て最高の目標なのだという真実でした。そのとき私は，人類の詩や思
　想，そして信仰が伝えようとしてきた最も偉大な秘密の意味を理解し
　ました。〔人間の〕救いは，愛を通して，愛の中にあるのだ，と。私

は，この世に残すべきものを何も持たない〔人が〕，たとえほんの一瞬であっても，〔その人の〕最愛の人を想うことで，至福の境地に至ることを理解したのでした [22]。

　なんと力強い言葉でしょうか。人は苦しみの中にさえ意味を見出すことができる，このことを知り，私は今日に至るまで，ヴィクトール・フランクルの言葉に慰められています。読者である皆さんにも，同じように意味を見つけてほしいと願っています。失くした大切な人々とのつながりを持ち続けることは，どんな苦しみのときにも，私たちを慰めてくれます。

　すでにいない人が心にあり続けることで，困難なときに私たちを慰めてくれる，という考えは，昔から詩や劇，文学の題材になってきました。『アンティゴネー』から『ニーベルンゲンの歌』『指輪物語』『ロード・オブ・ザ・リング』『ハリー・ポッター』シリーズなど，私たちの興味を引く物語は，喪失とそのあいまいさについての物語です。喪失に意味を求める人間の姿は普遍的であり，あらゆる文化の物語の中に見られます。

　結局，最も重要な点は，喪失の悲しみを病的なものとみなしてはいけないのです。周囲の状況に問題がある場合は，特にそうです。パンデミックの間に経験したこと，そしてそれに付随するストレス，たとえば人種差別，政治の混乱，貧困，食糧不足，収入の喪失，家庭内暴力，自殺，国内で起きるテロなどによって，気力を失い，悲しみを感じることは無理もないことです。確かに，パンデミックによって引き起こされた山のような多くの喪失に対して，完全な終結が訪れることはないでしょう。しかし，今，私たちはそのなかに意味を見出す努力をしていかなければなりません。もしかするとその意味は，変化に向けて働きかけるなかで，見出されるかもしれません。

■

　最後に，私は悲しみについての個人的な所感を綴り，本章を終えたいと思います。私にとって 32 年間連れ添った夫を失ったことは深い悲しみであり，どういうわけか午前中に，特にその悲しみを感じます。また，人が亡くなったときに必要な書類の多さに，怒りさえ覚えました。まったく予想外のことでした。死のビジネス，私はそう呼びました。怒りと悲しみを同時に感じることは非常に苦痛でしたが，その事務的な処理がほとんど終わった今，私は悲しみのなかにも安らぎを感じています。

　悲しみ方は人それぞれ違いますが，どんな人にも共通して見られる特徴は，生々しい痛みが，次第に耐えられるような悲しみに変わっていくということでしょう。実際，それは私に起きていますし，そう実感しています。気分が落ち込む日もあれば，幸せに感じられる日もあり，ときにはその両方が同じ日に起こることもあります。行ったり来たりしながら悲しみの波が時折やってくることを知っているので，私は以前より，毎日をうまく過ごせるようになりました。夫の死を経験することで，介護しているときよりも，何を失くしたのかという自らの喪失について，自分が混乱することは少なくなりました。介護者であれば，「慢性的な悲嘆」と呼ばれるずっと続く悲しみについて，身に覚えがあるでしょう [27),28)]。今，私の喪失は明確です。私は夫の「息が空気になる」[†3] 瞬間を目撃したのですから [29)]。

　夫の最期の呼吸はとても静かで，私はもう少しでそれを見逃しそうになりました。そのとき，一晩中夫のそばにいた私は，ふと目を逸らしていたのですが，なぜだかその瞬間，私は振り返って夫を見たのです。彼は深く息をし，そして，それっきりでした。私は次の呼吸を待ちましたが，それ

---

†3　若くしてがんで亡くなった医師・カラニッティの遺した言葉。死に向き合う彼の未完の自伝書の題名となった。

はありませんでした。彼は逝ってしまったのです。

　大切な人の最後のひと息を見届けることができる幸運な人は，そう多くはありません。私は感謝しました。彼の息（breath）が空気（air）へと変容する瞬間を目撃することができたことに。そのとき，スイス系イタリア人画家，ジョバンニ・セガンティーニが描いた Vergehen という絵が思い浮かんできました。この絵は，ある人の死後，その家の上に雲が描かれているのですが，これはその人が死んで頭上を通り過ぎていく（Vergehen）さまを表していて，雲はまだそこにとどまっている故人を示しているのでしょう*5。私は亡くなった夫の "vergehen" も，ここにゆっくりととどまっているのではないかと思いながら，数時間，夫のそばに座っていました。

　このような個人的な経験から，継続する絆というのは，私たちの悲しみの一部でもあるということが，今の私には分かります。私たちは，失ったものを思い出すなかで，そこに意味や人生の目的を見つけます。多くの文化において，先祖は，行方不明の子どもや亡くなった人を守る存在としての役割があります。墓地に行って亡くなった人と対話したり，そこに手紙を残したり，子どもの墓におもちゃを置いていく人もいます。また，ワシントン DC のベトナム退役軍人記念館では，兵士が好きだったもの，たとえばタバコや，好きな食べ物や飲み物，写真，花などが置かれていることがあります。火葬の場合には，愛する人の好きだった場所に遺灰を撒くこともあります。このように，私たちは故人を追悼し，忘れずに思い続けることに安らぎを感じます。

　私たちは何年経っても，記念日，結婚式，誕生日，卒業式，宗教上の祭日などに，悲しみを感じることがあるでしょう。共に過ごした特別な場所などでは，特にそう感じます。それはとても自然なことです。私は多くの歳月の間，何百回もの素敵な夜を夫と過ごした，夫のお気に入りの映画館

---

*5　スイスのサンモリッツにある，セガンティーニ（Segantini）美術館に展示されている。

やレストランの前を車で通りかかると，今でもその日のことを思い出します。そのような場所を目にすると今でも空虚感が増してきますが，そこには一緒に過ごした素晴らしい時間の思い出も詰まっています。ここでもパラドックスです。それは，たとえ時々涙があふれてくることがあったとしても，失った人との思い出を大切にすればするほど，さらに自由に，その人のいない人生を前向きに歩むことができるようになるというパラドックスです。

第**9**章

# 喪失と変化
## *Loss and Change*

直面する何もかもを変えられるわけではないが，しかし，直面するまでは何も変えられないのです。

ジェームズ・ボールドウィン――『耐えられるだけの真実』

　喪失と変化は必然的に結びついています。喪失のあとには変化があり，その変化はさらなる喪失を生み出します。変化がストレスを生むのは，安定した状態ではなくなるからです。たとえば，今までとは違うことをする，あるいは違うやり方で何かをするというように[1]-[3]。私たちが多くの喪失を経験し，拠り所を失ってしまったように感じるとき，安定感を得るために変化が必要なのです。

　私はこのような変化についてのパラドックスを，精神科医のカール・ウィタカーから学びました[*1]。彼はあるとき，次のような一つの質問から講演を始めました。「私たちを変化させるものは何だろう？」。そして，彼は，ある心理療法のセッションについて話し始めました。「その時間中，

---

＊1（原注）　カール・ウィタカー（Carl Whitaker）はウイスコンシン大学マディソン校の精神医学の教授で，当時は精神科の研修医に女性がいなかったので，私は彼のセミナーに参加させてもらえた博士課程の学生だった。その後，私がミネソタ大学の教授だった1985年6月26日，ウィタカーはミネソタ州セントポール市で開催された家族療法学会の講演において，変化に関する講演を行った。上記の引用は，彼の講演中にとった私のメモからである。

誰も何もしようとしなかった。そして，そのことがすべてを変えたのだ」。彼は続けて，「私たちがこのパラドックスの秘訣を体得しない限り，クライエントにほとんど変化は起こらない」と言いました。

　常にあいまいで逆説的な考え方をするウィタカーは，計画的に心理療法の戦略を立てることは好みませんでした。彼は即興性を好み，議論することよりも，体験に価値を置いていました。ウィタカーは私にとって最高の教師であり，それまでの私にとっては，対極にあるような人物でした。彼は，私に変化する勇気を与えてくれました。結論を急がないように，より柔軟に，そしてリスクがあってもやってみるようにと。

　「私たちを変化させるものは何だろう」，彼はもう一度尋ねました。「それは教育ではない。そうでなければ，教育を受けた人はみな，完全で，成熟しているはずだ。では，サポートを得ることか。いや，それはいつも自分のために料理をしてくれる母親がいるようなもので，陳腐な幻想だ。それは私たちを幼稚にしてしまう」。そして，三度目に彼はこう言いました。「私たちを本当に変えるものは何なのか。それは，治療者と治療を受ける家族との相互交流，そして目に見えないエネルギー（radiation）だ」。

　えっ？　どういうこと？　私の聞き違い？　それとも，彼の最後の言葉は，意図的に道理が合わないことを言ったのか？　私は博士課程の学生として，ウィタカー博士のコ・セラピストとして，数年間一緒に働き，彼の心理療法の臨床セッションのなかでこのような道理に合わないことを，目の当たりにしてきました。このように，彼は意図的に混乱を引き起こし，バランスを崩すことで，私たち自身を変化させようとするのです。思いもよらないときに，変化へのシフトはやってきます*2。

　それでは，何が変化をもたらすのでしょうか。ウィタカー教授が考えて

---

*2　ウィタカーはよく私に，洞察は体験後に得られるものであり，それは体験の前ではない，と言った。私は，弁証法的に循環し，最終的に解決することが難しい事柄についてはそうだと感じたが，同時に，ウィタカーが言うほど直線的に帰結するものではないと思った。たしかに，その緊張関係は解決できないものだが，体験が洞察力を生み，また洞察力が体験を生む。それは循環的な関係なのである。

いたこととは相容れないのですが，変化についてもっと知ることがそれを
理解する助けになります。変化には，第一次変化（First-order change）
と第二次変化（Second-order change）と呼ばれる 2 種類があります。第
一次変化とは，今までやってきたことをさらに強く推し進めることです。
同じことの繰り返しですが，より多くのエネルギーを注ぎ込むことを指し
ます。第二次変化とは，今で言うところの，型にはまらない考え方をして
新しい方向に踏み出すことです[4]。

　自動車がすべてマニュアル車だったころ，この二つの変化はこのように
例えられました。いわゆる第一次変化は，急な坂を上るためにアクセルを
踏み込むこと，ただし，強く踏み込みすぎて結局モーターが壊れてしま
い，うまくいかくなることもある，それに対し第二次変化は，あらかじめ
低いギアにシフトして，坂を上りきるためのパワーを得ることです。つま
り，第二次変化は，生き延びるために変容することと捉えられていま
す[4]。

　このことを恐ろしいパンデミックの間のことに当てはめると，危険を無
視し，新しい情報を避け[*3]，今までと同じように生活することは第一次変
化と捉えられ，それは危険なことです。これに対し，私たちの多くは，何
かこれまでと違うことをすると決めることで，第二次変化を活用していま
す。家の中に留まり，マスクをし，社会的距離を置くこと。また，オンラ
インツール（Zoom など）を通して，家族の集まりやお葬式，生まれた赤
ちゃんの紹介など，あらゆる場面でオンラインを使用するようになりまし
た。私たちが慣れ親しんだ集い方からこのようにシフトするのは，決して
簡単なことではありませんでしたが，私たちの公共の利益のために必要な
ことでした。

　私は変化を説明するために，意図的に「シフトする」という言葉を使い
ましたが，この比喩が機能するには，ギアのシフトを装備したマニュアル

---

[*3] 「情報回避（Information avoidance）」については，ゴールマンら（Golman et al.,
　　2017）を参照。

車を想像する必要があるでしょう。特にストレスが大きいときには，ギアをシフトし，これまでと違うことをやって，坂道を登りきるのです。個人的なギアのシフトは一人で行うこともできますが，ほかの人や，自分と同じような喪失を経験している仲間，あるいは専門のセラピストと話し合うことで，より実現しやすくなるでしょう。また，あなたが考えている変化について，パートナーや友人と話し合ってみてください。子どもがいる場合は，子どもも含めて話をしてみましょう。子どもたちもこれからどのような変化が待ち受けているのか，知る必要があります。

　喪失後に変化を経験することはリスクを伴いますが，最終的には価値ある試みとなります。家族が亡くなったり，あいまいなまま継続する喪失を経験したりすると，それまでの生き方は通用しなくなるかもしれません。パンデミックが起きると，それこそ以前の生活様式は通用しなくなります。何を変えるべきか，変えないでおくべきかを決めるために，私の場合，変えることによる費用とプラスの面をリストアップし，さらに，変えないことによる費用とプラスの面をリストアップします。これは認知的な作業ですが，認知的なアプローチと体験的なアプローチの両方が，変わることに関する難しい決断を下すのに役立ちます。

　このプロセスでは，継続と変化のバランスをとることが重要です。継続性とは，喪失以前の状態を何か続けていくことを意味します。何か小さなことを続ける，そういったことでよいのです。喪失という体験の後にも残っている，以前と変わらないほっとする何かがあってこそ，私たちは必要な変化を起こすためのリスクをとる勇気が湧いてきます。たとえば，親が読んでくれた物語を自分の子どもに読んであげたり，亡き人のシャツを着て勉強してみたり，また，その人のことを思いながら，その人が好きだった焼き菓子を作ってみたり，といったようなことです。

■　■　■

　パンデミックが起きているとき，たとえば，新型コロナウイルスワクチン接種に関しても，変化に対してかなりの抵抗がありましたし，現在もそれは存在します。驚いたことに，これはいまだ政治的な問題であり，このために争いが起こるほどの問題となっています。研究者によって，ワクチンの接種が，この致命的なウイルスとその変異株の蔓延を防ぐことができると証明されたにもかかわらず，これらの抵抗は理解しがたいものです。しかし，抵抗勢力や感染流行を否定する人々は，他人のことよりも，明らかに自分が思うとおりに行動できる自由を守ろうと考えているようです。共同体への思いやりよりも，個人主義が勝っているようにも見えます。もちろん，ウイルスや気候変動のような脅威は，特に科学を信じない人々や，信頼できる情報にアクセスできない人々にとっては，簡単に否定できるものとなっています。

　パンデミックで私たちの多くが変化に対応できなかったのは，ウイルスが目に見えない脅威であったことや，多くのあいまいな喪失を耐えなければいけなかったことだけが原因ではないと思われます。おそらく，変化というものはもともとストレスを引き起こすもので，私たちを不快にさせます。変化は私たちの現状維持を脅かし，さらなるあいまいさをもたらします。私たちは，慣れ親しんだ日常生活や習慣をあきらめたくありません。でもここで，喫煙が社会的問題だったことを思い出してください。ほぼ全員が公共の場で喫煙していた時代がありました。しかし，驚いたことに，国全体で喫煙問題を解決しようと変化が起きたのです。広く禁煙教育が行き渡ったためか，多くの愛する人をがんで亡くした喪失体験のゆえか，禁煙のルールは最終的に受け入れられ，多くの人の命を救うに至りました。今日，依然としてパンデミックやワクチン接種の必要性，ホロコーストや南北戦争，2020 年の大統領選の結果などを否定し続ける人々がいるよう

に，変化への抵抗を示す人々が存在します。それでも私たち皆が，これまでとは違うギアにシフトして進む必要があります。

　一方で，不条理な時代のなかで，人々の心が揺らいでいるときこそ，ポジティブな変化も可能になります。歴史的にも，大規模な喪失体験とその後に続く変化が，多くは良い方向への変化を示していることを，以下のような出来事のリストから私たちは知ることができます。

* 1346〜53年にかけて発生したペストでは，ヨーロッパの人口の約半分が死亡したが，その後のルネッサンス期に入り，芸術や科学に関する新しい考え方が生まれた[5],[6]。

* 1914〜1918年の第一次世界大戦，1917〜18年のインフルエンザの流行は，（私の父も含む）世界人口の3分の1の人々を苦しめ，少なくとも世界で5,000万人，米国だけでも67万5,000人の死者を出した[7]。その後，電話，ラジオ，自動車などの技術革新が進み，1920年代は繁栄を極めた[8]。そして，女性の参政権を求める運動が再び燃え上がり，1920年に女性が選挙権を獲得するまで続いた[9],[10]（なお，法的には合衆国憲法修正第19条によってすべての女性が選挙権を獲得したが，実際には，投票時の人種差別を禁止した1965年の投票権法が成立するまで，ほとんどの黒人女性は投票することができなかった）。

* 1939〜45年の第二次世界大戦と1950年代のポリオの流行に続き，1954〜68年まで，そしてそれ以降も公民権運動の混乱と暴力が続いた[11],[12]。

* 1960〜70年代にかけては，ジェンダーや性的少数者，先住民の解放運動のデモや行進が行われ，差別的な法律の改正が要求された。多くの変革がなされたが，成すべきことは依然として多く残されている。

* 1980年代はより安定した時代となり，アップルコンピューター（Apple computer），マイクロソフトウィンドウズ（Microsoft Windows），DNA指紋認証，ボイジャー探査機，パックマンなど，

テクノロジーは目覚しい進歩を遂げ，同時にエイズが蔓延した時期でもある。

* 1990 年代は，ロドニー・キングに対する警察官による暴行事件[†1]が起き，「みんな，僕は言いたいことがあるんだ。僕たち，うまくやっていけるかな？　うまくやっていけるかな？」という彼の言葉は，広く知られるようになった。その後，ロサンゼルスで暴動が発生し，ロサンゼルス警察の必要な改革は，10 年近く経ってから，連邦政府が関与してはじめて徐々に進むこととなった[13]。

* 2000〜2010 年は，暴動やデモが再び増加。依然として警察官による殺人に対するデモ，そしてパイプラインなどの環境問題も増加。

* 2010〜2019 年 は，2013 年 に 結 婚 防 衛 法（The Defense Marriage Act: DOMA）が違憲とされ，連邦政府による同性婚の承認への道が開かれる[14]。2018 年，グレタ・トゥンバーグの登場は，若い世代の間で気候変動運動が激化している象徴となった[15]。

* 2020 年は，COVID-19 のパンデミックとジョージ・フロイドが殺害された年。大規模な社会不安と，ブラック・ライブズ・マターを支持する世界的なデモが発生した[16], [17]。

* 2021 年は，1 月 6 日，大統領選挙の結果を否定し，副大統領とその他の議員に対して民主主義の本質的なプロセスを破壊することを目的とした暴徒が連邦議会議事堂に乱入した[18]。1 月 20 日，パンデミックのさなか，数千の軍隊が議事堂と大統領の安全を守る体制をとるなか，ジョー・バイデン大統領が第 46 代大統領に就任した。彼は，合衆国の分断を癒し，自分に投票しなかった人々も含め，すべての人々に奉仕することを誓った。新たに副大統領に選出されたカマラ・ハリ

---

[†1]（訳注）　1991 年，スピード違反容疑で警察に捕まった黒人のロドニー・キングが，警官らに激しい暴行を加えられ重傷を負った事件。この光景をたまたま近隣住民が撮影し，ニュースに取り上げられたことから，アメリカでの人種問題が浮きぼりになり，のちのロサンゼルス暴動（ロス暴動）へとつながった。

スは，女性初，黒人初，アジア系アメリカ人初の副大統領として，目
に見えない昇進の壁を突破した[19]。全米の奴隷制廃止を記念する 6
月 19 日（Juneteeth; June 19th）が，国民の祝日に制定される[20]。

　このように，歴史上，混乱と変化が繰り返されていくのを見ると，喪失
が変化を生み，変化が無秩序とストレスを生み，それらがまた変化を生む
ことを，私たちに気づかせてくれます。私たちは今，変化の最中にいるの
です。今回のパンデミック，ジョージ・フロイドの警官による殺害，そし
て 2021 年の議会議事堂襲撃事件が起こった後に，大規模な変化を迎える
であろうと，私はこれまでの歴史に基づいて予測しています。そして，こ
れらの変化がすべての人のためになるよう願っています。なぜなら，変化
が常にそうであったわけではないからです。これまで決してすべての命が
大切にされてきたわけではないのですが，しかし，大切にされなければな
らないのです。アメリカでは，特に有色人種や女性にとって，著しい不公
平と格差があります。新型コロナウイルスの大流行から何か良いものが生
まれるとしたら，それは，私たちが解決されたと考えていたものが，実は
そうでなかったということが明らかになったことです。1960 年代にアメ
リカで制定された公民権法は，正しい方向への一歩ではありましたが，十
分なものではありませんでした。
　より多くの変化が起きるために必要なことは，私たちの考え方や行動を
変えること，そしてパンデミックによる喪失が癒されるために，ギアをシ
フトすることです。とりわけ，私たちは，あいまいさへの耐性を高め，こ
うでなくではならないといった思考を和らげる必要があります。私たち
は，このパンデミックによって社会的に隔離状態にあったとき，その方法
を学んだと言えるかもしれません。というのも，新しいやり方で人生を生
き，かつては自分では選ばなかったことも，新しい方法でやらなければな
らなかったからです。それは新しい冒険のときであったと同時に，悲痛な
ときでもありました。

■　■　■

　私はもうマニュアル車を運転することはありませんが，ギアをシフトするという比喩は今でも大切にしています。この比喩は，システム上の変化を示しています。私はついつい頑張りすぎるところがあるので，このパンデミックの間はそうしないように気をつけていました。同じことをやりながら，もっともっとと自分を鼓舞し続けることは，私にとっては必ずしも有益ではありませんが，このようなパンデミックでは特にそうです。こういったギアをシフトするために，私は休息を取り，状況を見直し，音楽を聴き，散歩に出かけ，友人や子どもや孫と話し，この状況をどのようにすれば良いかを考えます。2020年初頭にパンデミックが発生したときは，自分自身に軌道修正を余儀なくされましたが，夫の死後まだあまり時間もたっていない今，このさらなる変化に私は抵抗感を持っています。大きな喪失感を抱えている私には，何か継続性のあるものが必要なのです。さらなる変化は，少し遅れるとは思いますが，やがてきっとやって来るでしょう。

　確かに，今回のパンデミックで起こったさまざまな明確な喪失とあいまいな喪失を体験した後では，これまでの普通の日常には戻ることは期待できないでしょう。望むと望まざるとにかかわらず，物事は変化していきます。しかし，私たちに必要なものは，私たちに優しい変化です。東洋の思想家ならばそうは思わないかもしれませんが。私たちは苦しみが報われることを，期待すべきではないのです。むしろ喪失の痛みに意味を見出し，その苦しみを糧に成長することです。

　変化は常にストレスを与えます。しかし，悪いことばかりではありません。それによって，成長と成熟が起こります。一方で，ジェームズ・ボールドウィンが1962年に書いたように，「直面するまでは，何も変えることはできない」[21]という側面もあります。2020～2021年にかけて，パンデ

ミック中に体験した恐怖を変えることはできませんが，人類という一つの家族であるすべての人が，より安全でより良い生活を送るために，私たちは変わらなければなりません。逆説的ですが，パンデミックで社会的に隔絶されたことから，この真実を私は以前よりもっと，明確に認識することができました。振り返ってみる時間があったからです。

## ■振り返り

　パンデミックの間，人生はずっと喪失と予測不可能なことの連続となりました。多くの死，多くのはっきりしない喪失，それらは気づくことが難しいかもしれませんが，依然として悲しみや不安を引き起こしています。家族や親しい友人同士の交流が物理的に断絶されたため，それぞれにとってあいまいな喪失を経験することとなりました。私たちは，仲間を失っただけでなく，安心感も失ったのです。

　ミネアポリスにいる私にとって，政治的状況からくる不安は，常につきまとっていました。2020年の春，窓の外には，警察の横暴に抗議して平和的にデモ行進する，何千人もの人々の姿がありました。ミシシッピ川にかかるI-35W橋に差しかかったとき，道路が閉鎖されていることを知らないトレーラーの運転手が，デモの行進者たちにぶつかりそうになりました[22]。奇跡的に行進者に誰も怪我はしませんでしたが，それを窓から見ていた私は，自分のアパートの建物の前に兵士らしき者が配置されているのに気づき，さらに不安感が募りました。

　当時は，致死率の高いコロナウイルスの危険性，ジョージ・フロイド殺害事件による大規模なデモ，そして病状が重くなっていく夫の介護など，私は一度に起こるすべてのことを受け止めようと必死でした。社会の激動，パラダイムシフト，転換期。おそらくその三つすべてが当てはまるような，それが2020年の夏の状況でした。まさに，今の時代に終結は起こらないでしょう。安堵が戻ってきたとしても，終わりはありません。むし

ろ，それは変化の始まりのようにさえ感じていました。そして実際，その
とおりだったのです。

　以来，私はジョージ・フロイドの殺害現場を，2回訪れました。一度目
は彼の死の直後，そして二度目は夫の死後です。振り返ってみると，当時
そこは物悲しい場所でした。以前は交通量の多かった交差点で，食料品店
や商店は残っていましたが，通行は禁止されていました。かわりに，あた
り一面，花々で敷きつめられ，近くの店の窓にはジョージ・フロイドの大
きな壁画などが描かれ，すべての街灯にはポスターが貼られていました。
そのなかで，フロイド氏の遺影が歩道の上に置かれ，キャンドルと花に囲
まれた特別な場所があり，素晴らしいアートワークがありました。その近
くには，現在も「Say Their Names Cemetery」と呼ばれる墓地があり，
警察によって命を奪われて亡くなった100人の黒人の名前が，それぞれの
墓標に刻まれています[*4]。その数の多さに，私は言葉を失いました。すべ
ての名前を見て，私は学びました。私はやっと理解したのです。その静寂
の場所で悲しみや怒りを感じ，変化のための決意が必要だと。

　しかし，それはどのような変化なのでしょうか。社会の構造上の変化の
ためには，私たちの考え方を変えることが必要です。そして，それはまさ
にこの本が目指していることでもあります。ちょうど，問題を抱えている
家族のように，私たちは国として問題を抱えています。変化するために
は，自分たちの問題に気づき，それに向き合い，そしてすべての人の幸福
のために，真の変化へ向かって行動しなければなりません。私たちはギア
を入れ替え，社会が真に修復を必要としているものを，私たちの持つ素晴
らしい能力を駆使して，解決していかなければならないのです。

---

*4　墓石の名前には，次のような人々が含まれている。ジョージ・フロイド，ブレオナ・
　テイラー，マイケル・ブラウン，エメット・ティル，トレイボン・マーティン，フィラ
　ンド・カスティル，エリック・ガーナー。

◼　◼　◼

　願わくば，この本の読者の皆さんが，この喪失と変化の時期に失ったものに対して，何らかの意味と新たな希望を見出していくことができるように願っています。悲しみや嘆きが終わるようにと終結を望むかわりに，ちょっとした喜びや笑いに目を向け，心のバランスをとってください。新しいやり方で，思いきって今までとは違う世界に飛び込もうとするときでも，あなたが失った人々との絆が途切れてしまうことはない，と知ってください。忘れる必要はありません。終わらせる必要もありません。持っていたものを大切にしながら前に進みましょう。あなたの物語を次の世代に伝えてください。でもそのときに，あなたの強さと同時に，あなたのレジリエンス，そしてあなたの感じた絶望も含めて伝えてください。かつての平穏な日々を取り戻すのは容易ではありませんが，人々の支えとあいまいさへの耐性を高めることで，必ず成し遂げられます。不安を和らげるために，「A and B思考」のパラドックスを受け入れ，AもBも（both/and）という考え方を使ってください。

　その前に，まず，自分自身が何を失ったかを振り返ってみましょう。自分に質問してみてください。あなたにとってその喪失は，どのような意味を持つのでしょうか。それは明確なものでしたか，それともあいまいなものでしたか。それは予想外な出来事でしたか，それとも予測できたものでしたか。同じ時期に同じような喪失感を味わった人はいましたか。もしそうなら，あなたはその人たちとつながりを持つことはできましたか。あなたは今，変わるための十分な力と，変化への調整力を持っていますか。今，新しい希望や夢を持つ自分が想像できますか，それとも，それにはまだ早すぎると感じますか。自分の人生に意味と新しい目的を見出せば，新しい希望も見つかることでしょう。

　結局のところ，逆境のなかであなたが得る最善のものは，自分のレジリ

エンスを発見できること，つまり思っている以上に自分は強いこと，長引く苦難のときや今まで経験したことのない喪失にも耐える力があること，たとえ怒りや絶望を感じることがあっても，一息ついて誰かと話し，自分自身を慈しみ，大丈夫だと思ってまたやり直せばよい，そういった自分自身の力に気づけるようになることです。

　このような卓越した力であるレジリエンスのおかげで，私たちは喪失に対処する方法を見つけます。あるときは勇気を持って，またあるときはユーモアを交えながら。あるときは悲しみや怒り，憤りが入り混じったまで。もしかすると，喪失に対して，あなたは何らかの異常な反応をしたかもしれません。しかし，この尋常でない時代には，そういうことも起こりうるのです。自分の安全と健康は，あなたがこれまでのやり方を変えることができるかどうかにかかっており，あなた方の多くはおそらく自ら進んでそうされてきたと思います。そんな自分自身をねぎらってあげましょう。そして，次の世代のために，あなたの物語を伝えてください。喪失を体験することはつらいことではあるけれど，それは同時に，叡智を得る体験にもなるのだという二つの物語を。

　この本では，あいまいさについて，そして終結がないことについて書いてきました。さて，この本をどのように終わりにしましょうか。私の孫は「文章の途中だけれど，そこで終わらせたら？」と私に言いました。確かに，私がここで書いて来た内容に，最終的な結論が出ることはないでしょう。読者の皆さん，どうぞ自分なりの解釈を考えてみてください。その過程で，皆さんが自分の人生に意味と新しい希望を見出してみてください。そして，どうぞあいまいさに耐える力を育ててください。そこには，過去，現在，未来に，喪失体験とともに皆さんが生きていく助けとなるレジリエンスがあります。何を失ったかについて，すべてが明らかになる喪失などほとんどないし，どのような喪失にも終結は必要ないのです。

　この本は，ここで終わりにしたいと思います。この物語の続きはあるでしょうか。あるかもしれないし，ないかもしれません。

# あとがき

　これを読んでいるあなたは，この壮大な苦悩と喪失の時代を何とか生き抜いてこられたと思います。見たり聞いたりしたものによって，私たちは変わります。ですから，この本を書くことは，私にとって流れる砂の上に字を書くようなものでした。コロナによる死が身近に襲ってくるたびに生活が変わり，あいまいな喪失は，何が正しく何が正しくないのか混乱を引き起こし続けました。アメリカの選挙戦やワクチンを巡っての複合的な危機は，次第に敵対関係へと発展し，激化しました。あなたを含め多くの人たちが，思っていた以上に自分にレジリエンスがあることに気づきましたが，心の中の不安は続き，現在も私たちを悩ませています。命を脅かすコロナウイルスもそうです。今や変異株となっても，やはり私たちを悩ませています。これから先も，このパンデミックの時代に終結は来ないでしょう。しかし，このウイルスも，それによって生まれた多くの敵対関係も，今までのような激しさが続くことなく，どうにか収まってほしいと願うばかりです。

　この本の最後に，皆さんにお伝えしておきたいことがあります。それは，私たちすべての者が今なお存在する不正義に対し，目を向け，心に刻み，取り組む必要があること，そして，私たちの進歩を妨げる「終結」という言葉は使わないようにする，ということです。

　最近のことですが，2021年1月6日，2020年の米大統領選の選挙結果を受け入れられず，飛び交う嘘にあおられた暴徒たちが，米国の首都を襲撃したという出来事がありました。議員や副大統領が脅迫され，5人が死亡し，多くの人が負傷しました。国会議事堂は甚大な被害を受け，修復に3,000万ドル以上の費用がかかりました[1],[2]。現在のところ，570人を超え

る被告が起訴されています[3]。

　私たちアメリカ人はまだこの騒動に動揺している状態ですが，その一方で，そういうことに疲れきった国民に，予防接種が安心と新しい希望をもたらし始めています。しかし，悲しいことに，世界中では政情不安，ウイルス変異，医療制度における不公平さが続いています。ここにおいても，終結はありません。

■　■　■

　2021年のはじめ，ジョージ・フロイドを殺害した罪で起訴されてからおよそ1年が経過したときに，デレック・ショーバンの裁判がありました。2021年4月20日，ミネアポリスのヘネピン郡裁判所前には，陪審員の評決を聞こうと，世界中の報道陣と不安な思いの群衆が集まっていました。約10時間の審判の末，「有罪，有罪，有罪」という評決が発表されました。殺人と過失致死などの三つの訴因のすべてにおいて，陪審員は全員一致で，この白人警官が黒人を不当に殺したとして有罪判決を下したのです[4)-6)]。評決の結果が発表されたとき，私はテレビを見ていたのですが，その瞬間の反応に驚きました。ざわざわしていた群衆の緊張が，歓喜に変わるのではなく，涙と安堵のため息で，驚くほど静まり返ったのです。その瞬間，私は画面から喜びが混じった深い悲しみを見ました。それはまだ正義に達したわけではありませんでしたが，結果への責任を示したことで，正しい方向への第一歩となりました。でも，それは終結ではなく，始まりにすぎません。

　最後にもう一つ，私が心から喜び，誇らしく思った最近の出来事があります。2021年6月1日，ジョージ・フロイドの殺害の映像を録画し，その記録が世界を駆け巡ったあのダーネラ・フレージャーが，市民ジャーナリズム部門でピューリッツァー賞を受賞したのです[7)]。私は，特にこのような若い人たちに称賛の拍手を送ります。なぜなら，彼らは変化を恐れ

ず，むしろ変化を求めています。私は，若い人たちのなかに，より平等で，差別の少ない，多様性のある家族のような国を作っていく可能性を見出しています。ダーネラ・フレージャーが行った行為により，正義のための闘いは決して終わっていないことを，私たちが実際に見ることができたのです。そして，彼女が一市民として報道するという市民ジャーナリズムのお陰で，その闘いは一歩前進しました。

　現在，そのような良いことも起きている一方，COVID-19 の死者数，医療の受けやすさ，食料，住宅，収入を得る機会，家庭での教育や仕事のために必要な機器やインターネットのアクセスにおいて，人種間の格差は存在し続けています。このようなことに抗議し続けている社会運動家のシモーヌ・ハンターが言ったように，「ジョージ・フロイドのことだけが問題なのではない。映像がないところにもある，目に見えない『クソったれ』な出来事すべてが問題なのだ」[8]。

■ ■ ■

　私がこの本を書いたのは，アメリカ人が「closure（終結）」という言葉をとても好むからです。たとえば，こんなふうに言います。行方不明の子どもの遺体が見つかれば親の気持ちは落ちつくはず，葬儀をすれば未亡人の気持ちに区切りがつくはず，犯人が刑務所に入ったかもしくは処刑されたら一件落着，などと言うのです。いいえ，そうではありません！ 健康な人であれば物事に終結を見出すはずだというのは神話であり，実際は，レジリエンスを持つ人は，終結がなくとも人生を健やかに生きていくことができるのです。

　確かに私たちは今も分断されてはいますが，自分たちのためだけでなく，人類という家族の存続のために正しいことをしようとする多くの人々の意思に，私は新たなエネルギーを感じます。終結を絶対的なものと考え続けることは，私たちの自己理解を阻害するだけでなく，他者の苦しみに

共感する力も阻害します。もし私たちが，喪失を経験している人たちはそれを乗り越えるべきだと考えるなら，自分自身の本当の思いや他者に共感する力を，封印してしまうことになります。それは，私たちが恐ろしいほど孤独になるということです

　私はこのように心から祈っています。私たちが変化する勇気と柔軟性を持てますように。パンデミックを引き起こしたウイルスとその変異種の治療が可能となり，致命的でなくなりますように。より多くの人々が起きている事実に注意を向け，予防接種を受け，そして子どもたちに予防接種を受けさせることができますように。そして最後に，このパンデミックの時代に愛する人を亡くした人々に対して，「悲しみに終結を見出すべきだ」と言われることが二度とありませんように。

# 訳者あとがき

　ポーリン・ボス博士との初めての出会いは，私が 2007 年にミネソタ大学大学院家族社会学専攻に入学してすぐの授業であったと記憶しています。著名な教授たちが紹介授業を行うなか，私は「あいまいな喪失（ambiguous loss）」というテーマにくぎ付けになり，その理論の提唱者であり，家族療法家であるボス博士の語る内容に，すっかり魅了されてしまいました。授業が終わるやいなや，私は日本人留学生である自分を自己紹介した後，「ぜひあなたの著作を翻訳して"ambiguous loss"を日本に紹介したい」と熱く語りました。初めて会った新入生の私に，ボス先生は優しい微笑みをたたえながら「ありがとう。すばらしいわ。でもね，1999 年に出版した最初の本の日本語訳はすでに出版されているようなのよ，2005 年に……」と言って，『さよならのない別れ，別れのないさよなら──あいまいな喪失』（南山浩二訳，学文社）という本を見せてくださいました。次の言葉が見つからない私に，ボス先生はにこにこしながら，「でも，今執筆している本をぜひお願いしたいわ。これは専門職向けの本であり，family therapy を学び，『あいまいな喪失』を理解した臨床家に訳してほしいと思っているのですよ」と言われたのでした。

　その言葉は以後，学びを進めていく私にとって励みともなり，実際に 2015 年に実現することになります（『あいまいな喪失とトラウマからの回復──家族とコミュニティのレジリエンス』（中島聡美・石井千賀子監訳，誠信書房）。しかしそれは，2011 年 3 月に起きた東日本大震災において，それまでごく普通に生きて来た多くの家族にとって「あいまいな喪失」が峻烈な現実となった後のことでした。愛する人の生死が分からない，住み慣れた故郷にはもう住めない，そういった困難に直面する多くの人々と，

その人々を支援する専門職のために，ポーリン・ボス博士の「あいまいな喪失」は活きた理論と具体的援助法を提供する力を持っていました。幸運にも私は博士の日本での講演や JDGS（Japan Disaster and Grief Support）プロジェクトの活動を通して，その様子を目撃することができたのです。

　思えば，最初の講義から私を魅了したのは，「あいまいな喪失」理論そのものというより，その成立過程が人の人生を深く映す物語となっていたからでした。スイス系アメリカ人として移民の両親を持つボス博士は小さい頃から，離れた故郷をひそかに慕っていた父親に対し「ここにいるのに，一緒にいないようなパパ」を漠然と感じながら育ちました。その体験が家族療法家になってから「家に居ても居ないようなワーカホリックの父親」や「消息の分からない軍のパイロットである夫に苦しむ妻」に重なっていきます。自分の人生における悲しい家族体験が，目の前の家族が直面する苦難とつながり，何とか助けにならないかと理論や方策を構築していく過程が，「あいまいな喪失」として結実したとも言えるでしょう。個人的には，family therapist が本来のアイデンティティとして持つコミュニティと社会全体への「道しるべ」となる，そういった一つのロールモデルをボス博士は提示してくれたように感じています。

　実際，今回，翻訳出版となった本書の副題『終結という神話』には，そういった「道しるべ」となる声に満ちています。現代のアメリカ社会の政治的，人種的な分断と混乱を，アメリカの歴史的文脈から紐解き，未解決の喪失をあぶり出していきます。しかしその奥には，専門家であると同時にひとりの人間，愛する夫を見送った妻であるポーリン・ボス博士の極めて個人的な深い哀悼の思いが流れており，だからこそ，目の前からいなくなった大切な人と繋がりは「終結」するものではない，と訴える博士の声は，強く確かに響くものとなっているように思われます。

　「区切りをつけて前に進むのがあるべき姿」という世間の声，時として自分自身を責める声に対し，「そんなことはないですよ」と，本書のタイ

トルは呼びかけます。愛する夫の最後の一息まで見送った著者自身の喪失体験から構築される本書の力強い物語には，パンデミックという時代を生き，次の世代へ伝えるべきメッセージが多重奏のように響いているように思われます。

　最後に，2012年より現在に至るまで，「あいまいな喪失」プロジェクトをご一緒させていただき，そして，今回，このような「時代の声」に翻訳というかたちで参与する機会を作ってくださった瀬藤乃理子先生，石井千賀子先生にはあらためて感謝を申し上げたく思っています。瀬藤先生の大きなご尽力なしには今回の翻訳出版は実現に至らなかったでしょう。また石井先生がボス博士とのやり取りを適宜調整してくださったおかげで，翻訳作業は完走できたと感じています。本書を通して，ボス博士の功績を日本に紹介するという大役を果たしてくださった誠信書房の中澤さんには，私自身，家族療法家のはしくれとして，感謝を禁じ得ません。これからもどうぞよろしくお願いしますと，心から申し上げたい思いです。


小笠原知子

■　■　■

　本書の翻訳を終えるにあたって，1994 年以来の私とボス博士との接点を通して，あいまいな喪失への道のりを振り返ってみたいと思います。

　ボス博士と初めてお会いしたのは，30 年前，オハイオ州で開かれたHope 国際家族療法学会でのことでした。ボス博士が家族療法の臨床を始めたのが私と同じように子育て後だったということを知り，親近感がわいてきたのを思い出します。

　本書はボス博士の夫君 Dudley に捧げられています。私は，2016 年にボス博士の自宅に招かれ，Dudley とお目にかかったときに日本を訪れたことがあるとうかがいました。戦後 7 年経った頃，サーカスの団員として来日したこと，そして Dudley と当時同じ 19 歳であった皇太子（現上皇）と握手を交わしたこと，そしてそれは皇太子殿下にとって初めての握手だったと聞いているというエピソードを話してくださいました。その話をされたときのご夫妻の優しくユーモアのある様子に，私はとても温かな雰囲気を感じたことを覚えています。

　また，毎朝二人で新聞を読みながら話しあう時間が楽しみだという話を聞き，お二人が日々の生活を丁寧に過ごしているように感じたことも改めて思い出します。

　本書の謝辞の中では，ボス博士は家族への感謝を娘，息子だけでなく，孫の方々の名前も書いております。それを読みながら，私はパンデミックの始まった頃ボス博士とやり取りしたメールのことを思い出しました。それは，同じ街に住む孫息子や娘が，ボス博士の必要な食料品を買い求め，マンションのドアまで持って来て立ち去る。その袋を博士はドアで受け取り，アルコールで拭くという話でした。ワクチン接種が始まるまで，このようなきめ細やかな支え合いを続けたとのこと。その話を聞いて，ボス博士がオレゴン州で学会に出席した折に，当時近くの大学に通うお孫さんを

夕食に招いてにこやかに歓談するボス博士の様子が思い出されました。そのような心配りのある家族関係を日頃から築くなかで，パンデミックで突然，会えないという大きな変化と喪失が続いても，できる範囲の支え合いを可能にしているように私には感じられました。

　もう一つ，私には忘れられない思い出があります。あいまいな喪失のトレーニングでは支援者がレジリエンスを推持するためにセルフケアの重要性を必ず伝えます。しかし，その実践はむずかしいという声をよく耳にしますが，ボス博士は緊張感の続く活動のなかで上手にセルフケアの時間を取っていると思ったある日のできごとを披露しましょう。日本の事例のコンサルテーションを受けていたときのことだったと思います。とても丁寧な説明を書いて下さっていたメールの中で，ボス博士は，「これからヨガのクラスに行くので，取りあえずここでメールを終えます」と書かれていました。あいまいな喪失の介入方法を40年にわたり世界中に広める指導者として健康を保つ秘訣を，そこで垣間見たように感じました。

　最後にもう1点お伝えしたいことがあります。本書の中にもボス博士が89歳になられたことを書かれています。誕生日の1カ月前のこと。「この誕生日を前に仕事をリタイヤします」というメールが届きました。しかしその後に続けて「日本の皆さんには，今後も応援します」と書かれていました。そして，その後も本書の翻訳に関する私たちの質問に丁寧に答えてくださっています。うれしいおはからいです。この翻訳本にはそのようなボス博士からの特別な思いが込められていることを記して，この30年の振り返りを終えたいと思います。


石井千賀子

# 文　献

※冒頭に番号の付いているものは本文中の文献を，・が付いているものは原注・訳注内の文献を表しています。なお，本文中および原注と訳注の双方で引いている文献は，番号付きの文献のみ掲載しています。

## ■献　辞

1）Boss, P. (2006). *Loss, traumTa, and resilience: Therapeutic work with ambiguous loss*. W. W. Norton; p.210.

## ■序　文

1）Boss, P., & Carnes, D. (2012). The myth of closure. *Family Process*, 51(4), 456-469. https://doi.org/10.1111/famp.12005

2）Harris, D. (Ed.). (2010). *Counting our losses: Reflecting on change, loss, and transition in everyday life*. Routledge. https://doi.org/10.4324/9780203860731

3）Kissane, D. W., & Parnes, F. (Eds.). (2014). *Bereavement care for families*. Routledge. https://doi.org/10.4324/9780203084618

4）Klass, D., Silverman, P. R., & Nickman, S. (Eds.). (1996). *Continuing bonds: New understandings of grief*. Taylor & Francis.

5）Neimeyer, R. A., Harris, D. L., Winokuer, H. R., & Thornton, G. F. (Eds.). (2011). *Grief and bereavement in contemporary society: Bridging research and practice*. Routledge/Taylor & Francis Group. https://doi.org/10.1080/01924788.2013.845721

6）60 Minutes. (2020, September 13). Joaquin Phoenix: A three-decade career filled with dark, complicated characters. *CBS News*. https://www.cbsnews.com/news/joker-joaquin-phoenix-grants-anderson-cooper-a-rare-interview-on-60-minutes-2020-01-12/

7）The Late Show with Stephen Colbert. (2017, November 13). *VP Joe Biden is finding a way through grief*. YouTube. https://www.youtube.com/watch?v=Gl_qYPWDWF8

8）Anderson Cooper 360. (2019, August 18). *Stephen Colbert and Anderson Cooper's beautiful conversation about grief*. YouTube. https://www.youtube.com/watch?v=YB46h1koicQ

## ■第 1 章

1）Alsharif, M. (2019, October 18). New York 9/11 victim identified 18 years after attack. *CNN*. https://www.cnn.com/2019/10/18/us/9-11-victim-identified-18-years-later/index.html

2）Gogoi, P. (2020, October 28). Stuck-at-home moms: The pandemic's devastating toll on women. *NPR*. https://www.npr.org/2020/10/28/928253674/stuck-at-home-moms-the-pandemics-devastating-toll-on-women

・Doka, K. (1989). *Disenfranchised grief: Recognizing hidden sorrow*. Lexington Books.

・Doka, K. (2002). *Disenfranchised grief: New directions, challenges, and strategies for practice*. Research Press.

・Herman, J. L., Stevens, M. J., Bird, A., Mendenhall, M., & Oddou, G. (2010). The Tolerance for Ambiguity Scale: Towards a more refined measure for international management research. *International Journal of Intercultural Relations*, 34, 58-65. https://doi.org/10.1016/j.ijintrel.2009.09.004

■第２章

1) Johnson, S. M. (2015). *Life is beautiful: How a lost girl became a true, confident child of God*. Morgan James.

2) Boss, P., & Carnes, D. (2012). The myth of closure. *Family Process*, 51(4), 456-469. https://doi.org/10.1111/famp.12005; p.457.

3) Ibid., pp.459-460.

4) Klass, D., Silverman, P. R., & Nickman, S. (Eds.). (1996). *Continuing bonds: New understandings of grief*. Taylor & Francis.

5) Berns, N. (2011). *Closure: The rush to end grief and what it costs us*. Temple University Press. https://doi.org/10.1093/sf/sos124

6) Ibid., p.2.

7) Albom, M. (2017). *Tuesdays with Morrie*. Broadway Books; p.174.

8) Coronavirus Resource Center. (n.d.). Johns Hopkins University & Medicine. Home page. Retrieved July 15, 2021, from https://coronavirus.jhu.edu/.

■第３章

1) McGoldrick, M., & Gerson, R. (1985). *Genograms in family assessment*. W. W. Norton.

2) McGoldrick, M., Gerson, R., Petry, S. (2020). *Genograms: Assessment and treatment* (4th ed.). W. W. Norton.

3) McGoldrick, M., Gerson, R., Shellenberger, S. (1999). *Genograms: Assessment and intervention* (2nd ed.). W. W. Norton.

4) Faust, D. G. (2009). *The republic of suffering: Death and the American Civil War*. Vintage Books.

5) Boss, P. (2019). Building resilience: The example of ambiguous loss. In B. Huppertz (Ed.), *Approaches to psychic trauma: Theory and practice* (pp.91-105). Rowman & Littlefield.

6) Boss, P., & Ishii, C. (2015). Trauma and ambiguous loss: The lingering presence of the physically absent. In K. E. Cherry (Ed.), *Traumatic stress and long-term recovery* (pp.271-289). Springer International. https://doi.org/10.1007/978-3-319-18866-9

7) DeGruy, J. (2017). *Post traumatic slave syndrome: America's legacy of enduring injury and healing* (Rev. ed.). Joy DeGruy.

8）Bibb, H. (1849). *Narrative of the life and adventures of Henry Bibb, an American slave, written by himself*. https://docsouth.unc.edu/neh/bibb/bibb.html; pp.14-15.

9）Goosby, B. J., & Heidbrink, C. (2013). The transgenerational consequences of discrimination on African-American health outcomes. *Sociology Compass*, 7(8), 630-643. https://doi.org/10.1111/soc4.12054

10）Pinderhughes, E. (2004). The multigenerational transmission of loss and trauma: The African-American experience. In F. Walsh & M. McGoldrick (Eds.), *Living beyond loss: Death in the family* (2nd ed., pp. 161-181). W. W. Norton.

11）Ibid., p.161.

12）Ibid., p.179.

13）Powledge, T. M. (2011). Behavioral epigenetics: How nurture shapes nature. *BioScience*, 61(8), 588-592. https://doi.org/10.1525/bio.2011.61.8.4

14）Dashorst, P., Mooren, T. M., Kleber, R. J., de Jong, P. J., & Huntjens, R. J. (2019). Intergenerational consequences of the Holocaust on offspring mental health: A systematic review of associated factors and mechanisms. *European Journal of Psychotraumatology*, 10(1), 1654065. https://doi .org/10.1080/20008198.2019.1654065

15）van der Kolk, B. A. (2014) *The body keeps the score: Brain, mind, and body in the healing of trauma*. Viking. https://doi.org/10.1080/0092623X.2017.1348102

16）Boone, A. (2020, June 3). One week in Minneapolis. *Star Tribune*. https://www. startribune.com/george-floyd-death-ignited-protests-far-beyond-minneapolis-police-minnesota/569930771/

17）Forliti, A. (2021, March 4). Prosecutors: Officer was on Floyd's neck for about 9 minutes. *AP News*. https://apnews.com/article/trials-derek-chauvin-minneapolis-racial-injustice-060f6e9e8b7079505a1b096a68311c2b

18）Staples, R. (1988). An overview of race and marital status. In H. P. McAdoo (Ed.). *Black families* (pp. 187-189). Sage. https://doi.org/10.4135/9781452226026.n19

19）Gould, E. (2018, December 19). The impact of manufacturing employment decline on Black and white Americans. *VOXeu/CEPR*. https://voxeu.org/article/manufacturing-decline-has-hurt-black-americans-more

・Boss, P., Beaulieu, L., Wieling, E., Turner, W., & LaCruz, S. (2003). Healing loss, ambiguity, and trauma: A community-based intervention with families of union workers missing after the 9/11 attack in New York City. *Journal of Marital and Family Therapy*, 29(4), 455-467. https://doi.org/10.1111/j.1752-0606.2003.tb01688.x

・Braga, L. L., Mello, M. F., & Fiks, J. P. (2012). Transgenerational transmission of trauma and resilience: A qualitative study with Brazilian offspring of Holocaust survivors. *BMC Psychiatry*, 12(134). https://doi.org/10.1186/1471-244X-12-134

・Brown, E. C., & Coker, A. D. (2019). Promoting the resiliency of African American teens experiencing ambiguous loss. *Journal for Specialists in Group Work*, 44(4), 286-299. https://

doi.org/10.1080/01933922.2019.1669751; p.286.

· Crist, C. (2017, January 6). Holocaust survivors remember with resilience. *Reuters*. https://www.reuters.com/article/us-health-trauma-resilience/holocaust-survivors-remember-with-resilience-idUSKBN14Q21H

· DeAngelis, T. (2019). The legacy of trauma. *Monitor on Psychology*, 50(2), 36. https://www.apa.org/monitor/2019/02/legacy-trauma

· Duran, E. (2006). *Healing the soul wound: Counseling with American Indians and other Native peoples*. Teachers College Press.

· Hernandez, J. (2021, June 11). Darnella Frazier, who filmed George Floyd's murder, wins an honorary Pulitzer. *NPR News*. https://www.npr.org/2021/06/11/1005601724/darnella-frazierteen-who-filmed-george-floyds-murder-wins-pulitzer-prize-citati

· ICRC. (2013). *Accompanying the families of missing persons*. International Committee of the Red Cross. https://www.icrc.org/en/publication/4110 -accompanying-families -missing-persons-practical-handbook

· Kazan, O. (2018, October 16). Inherited trauma shapes your health. *The Atlantic*. https://www.theatlantic.com/health/archive/2018/10/trauma -inherited-generations/573055/

· Walsh, F., & McGoldrick, M. (Eds.). (2004). *Living beyond loss: Death in the family* (2nd ed.). W. W. Norton.

· Walsh, P. (2021, March 12). For first time, Minneapolis teen opens up about her viral George Floyd arrest video. *Star Tribune*. https://www.startribune.com/for-first-time-minneapolis-teen-opens-up-about-her-viralgeorge-floyd-arrest-video/600033586/

## ■第４章

1） Siddiqui, F. (2015, August 2). This 390-year-old bonsai tree survived an atomic bomb, and no one knew until 2001. *Washington Post*. https://www.washingtonpost.com/local/the-390-year-old-tree-that-survived-an-atomic-bomb/2015/08/02/3f824dae-3945-11e5-8e98-115a3cf7d7ae_story.html

2） Boss, P., Bryant, C., & Mancini, J. (2017). *Family stress management: A contextual approach* (3rd ed.). Sage. https://doi.org/10.4135/9781506352206.

3） Hollingsworth, L. D. (2013). Resilience in Black families. In D. Becvar (Ed.), *Handbook of family resilience* (pp. 229-244). Springer. https://doi.org/10.1007/978-1-4614-3917-2_14; p.240.

4） Garmezy, N. (1983). Stressors of childhood. In N. Garmezy & M. Rutter (Eds.), *Stress, coping, and development in children* (pp. 43-84). McGraw-Hill.

5） Werner, E. E., Bierman, J. M., & French, F. E. (1971). *The children of Kauai: A longitudinal study from the prenatal period to age ten*. University of Hawaii Press.

6） Boss, P. (2006). *Loss, trauma, and resilience: Therapeutic work with ambiguous loss*. W. W. Norton.

7) Boss, P. (2013). Resilience as tolerance for ambiguity. In D. S. Becvar (Ed.), *Handbook of family resilience* (pp.285-297). Springer. https://doi.org/10.1007/978-1-4614-3917-2_17

8) Boss, P., Beaulieu, L., Wieling, E., Turner, W., & LaCruz, S. (2003). Healing loss, ambiguity, and trauma: A community-based intervention with families of union workers missing after the 9/11 attack in New York City. *Journal of Marital and Family Therapy*, 29(4), 455-467. https://doi.org/10.1111/j.1752-0606.2003.tb01688.x

9) Landau, J., & Saul, J. (2004). Facilitating family and community resilience in response to major disaster. In F. Walsh & M. McGoldrick (Eds.), *Living beyond loss: Death in the family* (pp.285-309). W. W. Norton.

10) Robins, S. (2010). Ambiguous loss in a non-Western context: Families of the disappeared in postconflict Nepal. *Family Relations*, 59(3),253-268. https://doi.org/10.1111/j.1741-3729.2010.00600.x

11) Bonanno, G. A. (2004). Loss, trauma, and human resilience: Have we inderestimated the human capacity to thrive after extremely aversive events? *American Psychologist*, 59(1), 20-28. https://doi.org/10.1037/0003-066x.59.1.20

12) Bonanno, G. A. (2019). *The other side of sadness: What the new science of bereavement tells us about life after loss*. Basic Books. (Original work published 2009)

13) Bonanno, G. A., Field, N. P., Kovacevic, A., & Kaltman, S. (2002). Self-enhancement as a buffer against extreme adversity: Civil war in Bosnia and traumatic loss in the United States. *Personality and Social Psychology Bulletin*, 28(2), 184-196. https://doi.org/10.1177/0146167202282005

14) Bonanno, G. A., Noll, J. G., Putnam F. W., O'Neill, M., & Trickett, P. K. (2003). Predicting the willingness to disclose childhood sexual abuse from measures of repressive coping and dissociative tendencies. *Child Maltreatment*, 8(4), 302-318. https://doi.org/10.1177/1077559503257066

15) Kobasa, S. C., Maddi, S. R., & Kahn, S. (1982). Hardiness and health: A prospective study. *Journal of Personality and Social Psychology*, 42(1), 168-177. https://doi.org/10.1037/0022-3514.42.1.168

16) Masten, A. S. (2001). Ordinary magic: Resilience processes in development. *American Psychologist*, 56(3), 227-238. https://doi.org/10.1037/0003-066x.56.3.227

17) Masten, A. S. (2014). *Ordinary magic: Resilience in development*. Guilford Press.

18) Masten, A. S., & Coatsworth, J. D. (1998). The development of competence in favorable and unfavorable environments: Lessons from research on successful children. *American Psychologist*, 53(2), 205-220. https://doi.org/10.1037/0003-066x.53.2.205

19) Ellis, B. J., & Boyce, W. T. (2008). Biological sensitivity to context. *Current Directions in Psychological Science*, 17(3), 183-187. https://doi.org/10.1111/j.1467-8721.2008.00571.x

20) Free, C. (2020, November 19). Utah hospital workers rushed to NYC to help with covid in the spring. NYC workers just returned the favor. *Washington Post*. https://www.

washingtonpost.com/lifestyle/2020/11/19/utah-nyc-healthcare-covid-nurse/

21） Boss, P. (2019). Building resilience: The example of ambiguous loss. In B. Huppertz (Ed.), *Approaches to psychic trauma: Theory and practice* (pp.91-105). Rowman & Littlefield.

22） Bryant, C. M. (2018, Spring). African American fictive kin: Historical and contemporary notions. *Family Focus*, F10-F11. https://www.ncfr.org/ncfr-report/focus/fictive-kin

23） Catalpa, J., & Routon, J. M. (2018, Spring). Queer kinship: Family networks among sexual and gender minorities. *Family Focus*, F8-F9. https://www.ncfr.org/news/research-lgbtq-families-available-ncfr-members

24） Boss, P., & Ishii, C. (2015). Trauma and ambiguous loss: The lingering presence of the physically absent. In K. E. Cherry (Ed.), *Traumatic stress and long-term recovery* (pp.271-289). Springer International. https://doi.org/10.1007/978-3-319-18866-9

■第５章

1） Boss, P. (1999). *Ambiguous loss: Learning to live with unresolved grief.* Harvard University Press.

2） Boss, P. (2004). Ambiguous loss. In F. Walsh & M. McGoldrick (Eds.), *Living beyond loss: Death in the family* (2nd ed., pp.237-246). W. W. Norton.

3） Boss, P. (2002). Ambiguous loss in families of the missing. *The Lancet*, 360, 39-40.

4） Boss, P. (2006). *Loss, trauma, and resilience: Therapeutic work with ambiguous loss.* W. W. Norton.

5） Boss, P., Beaulieu, L., Wieling, E., Turner, W., & LaCruz, S. (2003). Healing loss, ambiguity, and trauma: A community-based intervention with families of union workers missing after the 9/11 attack in New York City. *Journal of Marital and Family Therapy*, 29(4), 455-467. https://doi.org/10.1111/j.1752-0606.2003.tb01688.x

6） ICRC. (2013). *Accompanying the families of missing persons.* International Committee of the Red Cross. https://www.icrc.org/en/publication/4110 -accompanying-families -missing-persons-practical-handbook

7） Butterworth, J. (2017). *The ferryman.* Nick Hern Books.

8） Boss, P. (2017). *Ambiguous loss.* The ferryman [playbill].

・Connolly, C. (2009). *Distance at close range. In all this and more.* Nodin Press; p.15.

・Hylton, W. (2013). Vanished. Riverhead Books.

■第６章

1） Meacham, J. (1999). Riegel, dialectics, and multiculturalism. *Human Development*, 42(3), 134-144. https://doi.org/10.1159/000022619

2） Boss, P., Bryant, C., & Mancini, J. (2017). *Family stress management: A contextual approach* (3rd ed.). Sage. https://doi.org/10.4135/9781506352206

3） Antonovsky, A. (1979). *Health, stress, and coping: New perspectives on mental and physical well-being*. Jossey-Bass.

4）Antonovsky, A. (1987). *Unraveling the mystery of health: How people manage stress and stay well*. Jossey-Bass.

5）Fitzgerald, S. (1945). *The crack-up*. The New Directions.

・AARP & National Alliance for Caregiving, Caregiving in the U.S. (2020). ExecutiveSummary,p.ES-1. https://www.caregiving.org/wpcontent/uploads/2020/08/AARP.pdf

## ■第 7 章

1）Boss, P. (2006). *Loss, trauma, and resilience: Therapeutic work with ambiguous loss*. W. W. Norton.

2）Heintzelman, S. J., & King, L. A. (2014). Life is pretty meaningful. *American Psychologist*, 69(6), 561-574. https://doi.org/10.1037/a0035049; p.561.

3）Antonovsky, A. (1979). *Health, stress, and coping: New perspective on mental and physical well-being*. Jossey-Bass.

4）Antonovsky, A. (1987). *Unraveling the mystery of health: How people manage stress and stay well*. Jossey-Bass.

5）Frankl, V. (2006). *Man's search for meaning*. Beacon Press. (Original English publication, 1959)

6）Ibid., p.99

7）Baker, P. (2021, January 19). On night before inauguration, Biden leads mourning for virus victims. *The New York Times*. https://www.nytimes.com/2021/01/19/us/politics/biden-inauguration-coronavirus.html

8）Sifton, E. (2003). *The Serenity Prayer: Faith and politics in times of peace and war*. W. W. Norton.; p.7.

9）Pearlin, L. I., & Schooler, C. (1978). The structure of coping. *Journal of Health and Social Behavior*, 19(1), 2-21. https://doi.org/10.2307/2136319

10）Boss, P. (2013). Resilience as tolerance for ambiguity. In D. S. Becvar (Ed.), *Handbook of family resilience* (pp.285-297). Springer. https://doi.org/10.1007/978-1-4614-3917-2_17

11）Boss, P. (2017). Families of the missing: Psychosocial effects and therapeutic approaches. *International Review of the Red Cross*, 99(2), 519-534. https://doi.org/10.1017/s1816383118000140

12）Didion, J. (2005). *The year of magical thinking*. Vintage Books.; p.98

13）Francis, D. (2010). *Bringing Jon home: The wilderness search for Jon Francis*. Beaver's Pond Press.

14）Francis, D. (2018). Personal communications.

15）NASA. (2020, October 20). *NASA's OSIRIS-REx spacecraft successfully touches asteroid*. National Aeronautics and Space Administration. https://www.nasa.gov/press-release/nasa-sosiris-rex-spacecraft-successfully-touches-asteroid

16） The History of Vaccines (n.d.) Disease eradication. https://ftp.historyofvaccines.org/ multilanguage/content/articles/disease-eradication

17） Olds, S. (1992). *The father*. Knopf.; p.71.

18） Sexton, L. G. (1994). *Searching for Mercy Street: My journey back to my mother, Anne Sexton*. Little, Brown.;p.161.

19） Dahl, C. M., & Boss, P. (2020). Ambiguous loss: Theory-based guidelines for therapy with individuals, families, and communities. In K. S. Wampler, M. Rastogi, & R. Singh (Eds.), *The handbook of systemic family therapy: Vol. 4. Systemic family therapy and global health issues* (pp.127-151). Wiley. https://doi.org/10.1002/9781119788409.ch6

20） Merton, R. K., Barber, E. (1963). Sociological ambivalence. In E. Tiryakian (Ed.), *Sociological theory, values, and sociocultural change* (pp.91-120). Free Press. https://doi. org/10.4324/9781315129976-5

21） Festinger, L. (1957). *A theory of cognitive dissonance*. Row, Peterson.

22） Bowlby, J. (1980). *Loss, sadness, and depression*. Basic Books; p.98.

23） du Plessix Gray, F (2000). At large and small: The work of mourning. *American Scholar*, 69(3), 7-13.

24） Zemeckis, R. (Director, Producer). (2000). *Cast away* [Film]. ImageMovers, Playtone.

25） Associated Press. (2019, October 14). Jayme Closs "reclaiming her life" as she marks first anniversary of abduction. *The Guardian*. https://www.theguardian.com/us-news/2019/oct/14/ jayme-closs-abduction-wisconsin-first-anniversary-statement

26） Searcy, D. (2016, May 18). Victims of Boko Haram, and now shunned by their communities. *New York Times*. https://www.nytimes.com/2016/05/19/world/africa/ boko-haram-victims-nigeria.html

・ Baghdady, G., & Maddock, J. M. (2008). Marching to a different mission. *Stanford Social Innovation Review*, 60-65.

・ Bleuler, E. (1910). Vortrag über ambivalenz [Lecture on ambivalence]. *Zentralblatt für Psychoanalyse [Central Journal for Psychoanalysis]*, l, 266-268.

・ Bonanno, G. A. (2004). Loss, trauma, and human resilience: Have we underestimated the human capacity to thrive after extremely aversive events? *American Psychologist*, 59(1), 20-28. https://doi.org/10.1037/0003-066x.59.1.20

・ Bonanno, G. A. (2019). *The other side of sadness: What the new science for bereavement tells us about life after loss*. Basic Books. (Original work published 2009)

・ Masten, A. S. (2001). Ordinary magic: Resilience processes in development. *American Psychologist*, 56(3), 227-238. https://doi.org/10.1037/0003-066x.56.3.227

・ Mitchell, S. (1992). *The book of job*. Harper Perennial; p.21.

・ Montecinos, S. C. (2020). New perspectives on cognitive dissonance theory [Unpublished doctoral dissertation]. Stockholm University.

・Neimeyer, R. A., Harris, D. L., Winokuer, H. R., & Thornton, G. F. (Eds.). (2011). *Grief and bereavement in contemporary society: Bridging research and practice*. Routledge/Taylor & Francis Group. https://doi.org/10.1080/01924788.2013.845721; pp.11-12.

・Prigerson, H. G., Horowitz, M. J., Jacobs, S. C., Parkes, C. M., Aslan, M., Goodkin, K., Raphael, B., Marwit, S. J., Wortman, C., Neimeyer, R. A., Bonanno, G., Block, S. D., Kissane, D., Boelen, P., Maercker, A., Litz, B. T., Johnson, J. G., First, M. B., Maciejewski, P. K. (2009). Prolonged grief disorder: Psychometric validation of criteria proposed for DSM-V and ICD-11. *PLOS Medicine*, 10(12). https://doi.org/10.1371/journal.pmed.1000121

・Sawacki, V., Wegener, D. T., Clark, J. K., Fabrigar, L. R., Smith, S. M., & Durso, G. R. (2013). Feeling conflicted and seeking information: When ambivalence enhances and diminishes selective exposure to attitude-consistent information. *Personality and Social Psychology Bulletin*, 39(6), 735- 747. https://doi.org/10.1177/0146167213481388

・Walsh, F. (1998). *Strengthening family resilience* (2nd ed.). Guilford Press.

## ■第8章

1）Snowbeck, C. (2020, November 15). Virus crisis explodes. *Star Tribune*, A1.

2）Mervosh, S., Goodman, J. D., & Bosman, J. (2020, November 15). "Horrifying" toll seen in coming months. *New York Times*; p.1.

3）Coronavirus Resource Center. (n.d.). Johns Hopkins University & Medicine. Home page. Retrieved August 10,2021, from https://coronavirus.jhu.edu/

4）Boss, P. (2011). *Loving someone who has dementia: How to find hope while coping with stress and grief*. Jossey-Bass.

5）American Psychiatric Association. (2013). *Diagnostic and statistical manual of mental disorders* (5th ed.). https://doi.org/10.1176/appi.books.9780890425596

6）Bonanno, G. A. (2019). *The other side of sadness: What the new science for bereavement tells us about life after loss*. Basic Books. (Original work published 2009)

7）Boss, P., & Dahl, C. M. (2014). Family therapy for the unresolved grief of ambiguous loss. In D. W. Kissane & F. Parnes (Eds.), *Bereavement care for families* (pp.171-182). Routledge.

8）Mayo Clinic. (n.d.). Complicated grief. https://www.mayoclinic.org/diseases-conditions/complicated-grief/symptoms-causes/syc-20360374

9）Klass, D., Silverman, P. R., & Nickman, S. (Eds.). (1996). *Continuing bonds: New understandings of grief*. Taylor& Francis.

10）Gay, P. (2006). *Freud: A life for our time*. W. W. Norton.

11）Freud, S. (1960). Letter to Binswanger (letter 239). In E. L. Freud (Ed.), *Letters of Sigmund Freud*. Basic Books.

12）von Unwerth, M. (2006). *Freud's requiem*. Riverhead Books.; p.170.

13）Ibid., p.217.

14）Kübler-Ross, E., & Kessler, D. (2005). *On grief and grieving: Finding the meaning of grief through the five stages of loss.* Scribner; p.216.

15) Ibid., p.203.

16) Ibid., p.7.

17) Ibid., p.27.

18) Ibid., p.215.

19) Kübler-Ross, E., & Kessler, D. (2000). *Life lessons: Two experts on death and dying teach us about the mysteries of life and living.* Scribner.

20) Frankl, V. (2006). *Man's search for meaning.* Beacon Press. (Original English publication, 1959)

21) Ibid., p.38.

22) Ibid., p.37.

23) Bonanno, G. A. (2004). Loss, trauma, and human resilience: Have we underestimated the human capacity to thrive after extremely aversive events? *American Psychologist,* 59(1), 20-28. https://doi. org/lO.1037/0003-066x.59.1.20

24) Becvar, D. (2001). *In the presence of grief: Helping family members resolve death, dying, and bereavement issues.* Guilford Press.

25) Kissane, D. W., & Hooghe, A. (2011). Family therapy for the bereaved. In R. A. Neimeyer, D. L. Harris, H. R. Winokuer, & G. F. Thornton (Eds.), *Grief and bereavement in contemporary society: Bridging research and practice* (pp.287-302). Routledge/Taylor & Francis.

26) Neimeyer, R. A., Harris, D. L., Winokuer, H. R., & Thornton, G. F. (Eds.). (2011). *Grief and bereavement in contemporary society: Bridging research and practice.* Routledge/Taylor & Francis Group. https://doi.org/10.1080/01924788.2013.845721

27) Boss, P., Roos, S., & Harris, D. L. (2011). Grief in the midst of uncertainty and ambiguity: An exploration of ambiguous loss and chronic sorrow. In R. A. Neimeyer, D. L. Harris, H. R. Winokuer, & G. F. Thornton (Eds.), *Grief and bereavement in contemporary society: Bridging research and practice* (pp.163-175). Routledge/Taylor & Francis.

28) Roos, S. (2002). *Chronic sorrow: A living loss.* Brunner-Routledge.

29) Kalanithi, P. (2016). *When breath becomes air.* Random House.

· Beaubien, J. (2012, October 15). Wiping out polio: How the U.S. snuffed out a killer. *NPR.* https://www.npr.org/section/health-shots/2012/10/16/162670836/wiping-out-polio-how-the-u-s-snuffed-out-a-killer

· Boss, P. (1999). *Ambiguous loss: Learning to live with unresolved grief.* Harvard University Press.

· Boss, P. (2006). *Loss, trauma, and resilience: Therapeutic work with ambiguous loss.* W. W. Norton.

· Freud, S. (1957). On transience. In J. Strachey (Ed. & Trans.), *The standard edition of the complete psychological works of Sigmund Freud: Vol. 14* (pp.305-307). Hogarth Press.

(Original work published 1915)

・Harris, D. (Ed.). (2010). *Counting our losses: Reflecting on change, loss, and transition in everyday life*. Routledge. https://doi.org/10.4324/9780203860731

・Kissane, D. W., & Parnes. F. (Eds.). (2014). *Bereavement care for families*. Routledge. https://doi.org/10.4324/9780203084618

・Walsh, F., & McGoldrick, M. (Eds.). (2004). *Living beyond loss: Death in the family* (2nd ed.). W. W. Norton.

## ■第9章

1）Boss, P. (1987). Family stress. In M. Sussman & S. Steinmetz (Eds.), *Handbook of marriage and the family* (pp.695-723). Plenum Press.

2）Boss, P. (1988). *Family stress management: A contextual approach*. Sage.

3）Boss, P., Bryant, C., & Mancini, J. (2017). *Family stress management: A contextual approach* (3rd ed.). Sage. https://doi.org/10.4135/9781506352206

4）Watzlawick, P., Weakland, J. H., & Fisch, R. (1974). *Change: Principles of problem formation and problem resolution*. W. W. Norton.

5）Benedictow, O. J. (2018). The Black Death, 1346-1353: The complete history. Boydell Press.

6）Szalay, J. (2016, June 29). The Renaissance: The "rebirth" of science and culture. *Live Science*. https://www.livescience.com/55230-renaissance.html

7）Centers for Disease Control and Prevention. (2019, March 20). 1918 pandemic (H1N1 virus). https://www.cdc.gov/flu/pandemic-resourcec/1918-pandmic-h1n1.html

8）History.com Editors. (2020, August 12). The Roaring 20s history. https://www.history.com/topics/roaring-twenties/roaring-twenties-history

9）History.com Editors. (2020, August 15). 19th Amendment. https://www.history.com/topics/womens-history/19th-amend-ment-1

10）Jones, M. S. (2020). *Vanguard: How Black women broke barriers, won the vote, and insisted on equality for all*. Basic Books.

11）History of Vaccines. (2021). History of polio. https://www.historyofvaccines.org/timeline/polio

12）History.com Editors. (2021, January 19). Civil rights movement timeline. https://www.history.com/topics/civil-rights-movement/civil-rights-movement-timeline

13）Lee, T., Schuppe, J., & Petulla, S. (2017, April 29). 25 years since Rodney King riots: Race, rebellion, and rebirth in South L. A. *NBC News*. https://www.nbcnews.com/news/us-news/ballad-south-l-race-rebellion-rebirth-n751471

14）Barnes, R. (2013, June 26). Supreme court strikes down key part of Defense of Marriage Act. *Washington Post*. https://www.washingtonpost.com/politics/supreme-court/2013/06/26/f0039814-d9ab-11e2-a016-92547bf094cc_story.html

15) Crouch, D. (2018, September 1). The Swedish 15-year-old who's cutting class to fight the climate crisis. *The Guardian*. https://www.theguardian.com/science/2018/sep/01/swedish-15-year-old-cutting-class-to-fight-the-climete-crisis

16) Healy, J., & Searcey, D. (2020, May 31). Two crises convulse a nation: A pandemic and police violence. *New York Times*. https://www.nytimes.com/2020/05/31/us/george-floyd-protests-coronavirus. html

17) Khan-Cullors, P., & Bandele, A. (2017). *When they call you a terrorist: A Black Lives Matter memoir*. St. Martin's Griffin.

18) Fandos, N., & Cochrane, E. (2021, January 6). After pro-Trump mob storms Capitol, congress confirms Biden's win. *New York Times*. https://www.nytimes.com/2021/01/06/us/politics/congress-gop-subvert-election.html

19) Olorunnipa, T., & Linskey, A. (2021, January 20). Joe Biden is sworn in as the 46th president, pleads for unity in inaugural address to a divided nation. *Washington Post*. https://www.washingtonpost.com/politics/joe-biden-sworn-in/2021/01/20/13465c90-5a7c-11eb-a976-bad6431e03e2_story.html

20) Karni, A., & Broadwater, L. (2021, June 17). Biden signs law making Juneteenth a federal holiday. *New York Times*. https://www.nytimes.com/2021/06/17/us/politics/juneteenth-holiday-biden.html

21) Baldwin, J. (1962, January 14). *As much truth as one can bear*. New York Times Book Review.

22) Walsh, P., & Van Berkel, J. (2020, June 2). Truck driver wasn't aiming for protesters on 35W bridge, Minnesota authorities say. *Star Tribune*. https://www.startribune.com/truck-driver-didn-t-intend-to-hit-protesters-on-35w-bridge-state-officials-say/570925582/

・ Golman, R., Hagmann, D., & Loewenstein, G. (2017). Information avoidance. *Journal of Economic Literature*, 55(1), 96-135. https://doi.org/10.1257/jel.20151245

## ■あとがき

1) Chappell, B. (2021, February 24). Architect of the Capitol outlines $30 million in damages from pro-Trump riot. *NPR*. https://www.npr.org/sections/insurrection-at-the-capitol/2021/02/24/970977612/architect-of-the-capitol-outlines-30-million-in-damages-from-pro-trump-riot

2) Healey, J. (2021, February 22). These are the 5 people who died in the Capito riot. *New York Times*. https://www.nytimes.com/2021/01/11/us/who-died-in-capitol-building-attack.html

3) Hymes, C., McDonald, C., & Watson, E. (2021, August 6). Seven months after the Capitol siege, more than 570 defendants have been arrested. *CBS News*. https://www.cbsnews.com/news/us-capitol-riot-arrests-latest-2021-08-06/

4) Beaumont, P., & Jones, S. (2021, April 21). 'Guilty, guilty, guilty': World's media react to Chauvin trial verdict. *The Guardian*. https://www.thefuardian. com/us-news/2021/apr/21/

guilty-world-media-chauvin-trial-verdict-george-floyd-us-race-relations

5）Forgrave, R., & Rao, M. (2021, April 21). Conviction of Derek Chauvin: A moment of victory amid a history of injustice. *Star Tribune*. https://www.startribune.com/conviction-of-derek-chauvin-a-moment-of-victory-amid-a-history-of-injustice/600048330/

6）Forliti, A., Karnowski, S., & Webber, T. (2021, April 21). Jury's swift verdict for Chauvin in Floyd death: Guilty. *AP News*. https://apnews.com/article/derek-chauvin-convicted-george-floyd-killing-d93d1f9fc61a5261e179240dc16924dc

7）Hernandez, J. (2021, June 11). Darnella Frazier, who filmed George Floyd's murder, wins an honorary Pulitzer. *NPR News*. https://www.npr.org/2021/06/11/1005601724/darnella-frazier-teen-who-filmed-george-floyds-murder-wins-pulitzer-prize-citati

8）Mogelson, L. (2020, June 15). The heart of the uprising in Minneapolis. *The New Yorker*. https://www. newyorker.com/magazine/2020/06/22/the-heart-of-the-uprising-in-minneapolis

# 邦訳文献

## ■謝　辞

1）Boss,P. (2006)：ポーリン・ボス著／中島聡美・石井千賀監訳（2015）『あいまいな喪失とトラウマからの回復——家族とコミュニティのレジリエンス』誠信書房．pp.324-325.

## ■第2章

7）Albom, M. (2017)：ミッチ・アルボム著／別宮貞徳訳（2004）『モリ一先生との火曜日』NHK出版

## ■第3章

3）McGoldrick., M. et al. (1999)：モニカ・マクゴールドリック，ランディ・ガーソン，スエリ・ペトリー著／渋沢田鶴子監修，青木聡・大西真美・藪垣将訳（2018）『ジェノグラム——家族のアセスメントと介入』金剛出版

## ■第4章

12）Bonanno, G. A. (2004)：ジョージ・A・ボナーノ著／高橋祥友訳（2013）『リジリエンス——喪失と悲嘆についての新たな視点』金剛出版

## ■第7章

4）Antonovsky, A. (1987)：アーロン　アントノフスキー著／山崎喜比古・吉井清子訳（2001）『健康の謎を解く——ストレス対処と健康保持のメカニズム』有信堂高文社

22）Bowlby, J. (1980)：ボウルビィ著／黒田実郎・横浜恵三子・吉田恒子訳（1991）『母子関係の理

論　Ⅲ対象喪失』岩崎学術出版社

## ■第8章

4) Boss, P. (2011)：ポーリン・ボス著／和田秀樹監訳，森村里美訳（2014）『認知症の人を愛すること——曖昧な喪失と悲しみに立ち向かうために』誠信書房

6) Bonanno, G. A. (2019)：ジョージ・A・ボナーノ著／高橋祥友訳（2013）『リジリエンス——喪失と悲嘆についての新たな視点』金剛出版

15) -19) Kübler-Ross, E., & Kessler, D. (2005)：エリザベス・キューブラー・ロス著，編集・デーヴィッド・ケスラー著／上野圭一訳：(2007)『永遠の別れ——悲しみを癒す智恵の書』日本教文社

21) -23) Frankl, V. (2006)：V. E. フランクル著／霜山徳爾訳（1985）『夜と霧』みすず書房

Boss, P. (1999)：ポーリン・ボス著／南山浩二訳（2005）『「さよなら」のない別れ 別れのない「さよなら」——あいまいな喪失』学文社

## ■第9章

17) Khan-Cullors, P., & Bandele, A. (2017)：パトリース・カーン＝カラーズ，アーシャ・バンデリ著／ワゴナー理恵子訳（2021）『ブラック・ライヴズ・マター回想録——テロリストと呼ばれて』青土社

# 索　引

## ■訳者紹介

**瀬藤乃理子**（せとう　のりこ）【日本の読者の皆様へ】【第5章】【第6章】【第7章】
【おわりに】

2013 年　神戸大学大学院医学系研究科保健学専攻博士課程修了

現　在　福島県立医科大学災害こころの医学講座准教授

著　書　『グリーフケアとグリーフカウンセリング』（共著）日本評論社 2023 年，『遺族ケ
　　　　アガイドライン 2022 年版』（共著）金原出版 2022 年，『東日本大震災とこころの
　　　　ケア』（共著）日本評論社 2021 年，『あいまいな喪失と家族のレジリエンス——災
　　　　害支援の新しいアプローチ』（共編著）誠信書房 2019 年，『ストレス学ハンドブッ
　　　　ク』（共著）創元社 2015 年　他

訳　書　『あいまいな喪失とトラウマからの回復——家族とコミュニティのレジリエンス』
　　　　（共訳）誠信書房 2015 年　他


**小笠原知子**（おがさわら　ともこ）【第3章】【第8章】【第9章】

2007 年　University of Rochester 大学大学院医学センター精神科家族療法プログラム修士
　　　　課程修了

2012 年　University of Minnesota 大学大学院家族社会学部夫婦家族療法専攻科博士課程満
　　　　期退学

現　在　金沢大学国際基幹教育院　助教

訳　書　『あいまいな喪失とトラウマからの回復——家族とコミュニティのレジリエンス』
　　　　（共訳）誠信書房 2015 年，『メディカルファミリーセラピー——患者・家族・医療
　　　　チームをつなぐ統合的ケア』（共訳）金剛出版　2016 年


**石井千賀子**（いしい　ちかこ）【謝辞】【序文】【第1章】【第2章】【第4章】

1993 年　Butler University 大学大学院夫婦・家族療法専攻修了（夫婦・家族療法専攻）

現　在　石井家族療法研究室代表，家族療法スーパーヴァイザー，TELL カウンセリング，
　　　　家族療法家

著　書　『あいまいな喪失と家族のレジリエンス——災害支援の新しいアプローチ』（共編
　　　　著）誠信書房 2019 年，『家族療法テキストブック』( 共著 ) 金剛出版 2013 年，『災
　　　　害支援と家族再生』（共著）金子書房 2012 年，『ミドルエイジの問題——家族療法
　　　　の視点から』（共著）キリスト新聞社 2012 年，『大事な人を亡くしたご家族へ』
　　　　（共著）ルーテル学院大学人間成長とカウンセリング研究所 2005 年，『臨床家のた
　　　　めの家族療法リソースブック』（共著）金剛出版 2003 年，『精神保健と家族問題』
　　　　（共著）中央法規出版 1989，他

訳　書　『あいまいな喪失とトラウマからの回復——家族とコミュニティのレジリエンス』
　　　　（共監訳）誠信書房 2015 年，『家族療法のスーパーヴィジョン——統合的モデル』
　　　　（共監訳）金剛出版 2011 年，『人生のリ・メンバリング』（共訳）金剛出版 2005
　　　　年，他

ポーリン・ボス著

# パンデミック，災害，そして人生におけるあいまいな喪失 ——終結という神話

2024 年 3 月 1 日　第 1 刷発行

| | | |
|---|---|---|
| 訳　者 | 瀬 藤 乃 理 子 | |
| | 小 笠 原 知 子 | |
| | 石 井 千 賀 子 | |
| 発 行 者 | 柴 田 敏 樹 | |
| 印 刷 者 | 日 岐 浩 和 | |

発行所　株式会社　誠 信 書 房

〒112-0012　東京都文京区大塚 3-20-6
電話　03 (3946) 5666
https://www.seishinshobo.co.jp/

中央印刷　協栄製本
検印省略

# あいまいな喪失と家族のレジリエンス

## 災害支援の新しいアプローチ

**黒川雅代子・石井千賀子・中島聡美・瀬藤乃理子 編著**

東日本大震災後の支援の経験をもとに、「あいまいな喪失」が通常の喪失とどのように違い、どのような支援が求められるのかを解説。(序文：ポーリン・ボス、柳田邦男)

**A5判並製　定価(本体2500円＋税)**

# あいまいな喪失とトラウマからの回復

## 家族とコミュニティのレジリエンス

**ポーリン・ボス 著**
**中島聡美・石井千賀子 監訳**

悲惨な非日常やありふれた日常において出会うあいまいな喪失の治療と援助に携わる専門家に向けて書かれた包括的なガイド。

**A5判並製　定価(本体4400円＋税)**

## 福島原発事故が
## もたらしたもの
### 被災地のメンタルヘルスに
### 何が起きているのか

**前田正治 編著**

原発事故という特異な状況が被災地の人々の
メンタルヘルスにもたらした影響を、専門職
や行政職員の支援活動とともに多角的に考察
する。

**A5判並製　定価(本体3000円＋税)**

## コロナ禍における
## 医療・介護従事者への
## 心のケア
### 支援の現場から

**前田正治 編著**

コロナ等、未知の感染症によるクラスターが
起きても、組織の混乱を最小限に抑え、職員
のメンタルヘルスを守るヒントが見つかる。

**A5判並製　定価(本体2400円＋税)**

# 悲嘆カウンセリング
[改訂版]
グリーフケアの標準ハンドブック

J.W. ウォーデン 著
山本 力 監訳

悲嘆臨床の世界的標準書が、10年におよぶ
臨床・研究成果・時代変化を反映した大改訂
によって、日々の臨床のさらなる深まりを助
ける。

**A5判並製　定価(本体3800円＋税)**

# 認知症の人を
# 愛すること
曖昧な喪失と悲しみに立ち向かう
ために

ポーリン・ボス 著
和田秀樹 監訳　森村里美 訳

認知症の人を介護する人にとって相手を認識
しなくなる状況は受け止めがたい苦痛をもた
らす。介護する意味と日常の過ごし方を提言。

**A5判並製　定価(本体2300円＋税)**